Shakespeares Geliebte

Hildegard Hammerschmidt-Hummel

Shakespeares Geliebte

Die wahre Geschichte

Ein Bühnenstück in 35 Bildern

STAUFFENBURG
VERLAG

Bibliografische Information der Deutschen Nationalbibliothek

Die Deutsche Nationalbibliothek verzeichnet diese Publikation in der Deutschen Nationalbibliografie; detaillierte bibliografische Daten sind im Internet über <http://dnb.ddb.de> abrufbar.

Weitere Informationen zur Autorin finden Sie unter
www.hammerschmidt-hummel.de

ZU DEN ABBILDUNGEN AUF DEM UMSCHLAG

UMSCHLAGABBILDUNG Johann Heinrich Füssli, »Der Kuss«, Bleistift- und Kreidezeichnung, 1815, Bildzitat aus: Hildegard Hammerschmidt-Hummel, *Die Shakespeare-Illustration (1594-2000). Bildkünstlerische Darstellungen zu den Dramen William Shakespeares: Katalog, Geschichte, Funktion und Deutung.* 3 Bde. Wiesbaden: Harrassowitz Verlag, 2003, III, S. 731, Abb. 1877. (Vormals Sammlung G. und L. Bollag, Zürich.)

VORDERE UMSCHLAGKLAPPE Szenenbild der Aufführung *Shakespeares Geliebte*, »Die Dramatische Bühne« (Frankfurt am Main), Uraufführung am 23. April 2010. Shakespeare (Julian König) und Elizabeth Vernon (Sarah Kortmann).

Postfach 25 25 · D-72015 Tübingen

Gedruckt auf säurefreiem und alterungsbeständigem Werkdruckpapier.

Printed in Germany

ISBN 978-3-86057-019-7

Shakespeares Geliebte

Die wahre Geschichte

Ein Bühnenstück in 35 Bildern

VORWORT

Shakespeares Geliebte. Die wahre Geschichte basiert auf meinen neuen wissenschaftlichen Ergebnissen, die in meinem Buch *Das Geheimnis um Shakespeares ›Dark Lady‹. Dokumentation einer Enthüllung* publiziert wurden. Wochen vor der für den 9. September 1999 anberaumten Pressekonferenz der Stadt Darmstadt,* auf der die neue Publikation erstmals der Öffentlichkeit vorgestellt werden sollte, kam es durch eine Indiskretion eines englischen Kollegen bedauerlicherweise zu einer spektakulären Vorveröffentlichung. Dabei wurde ein sensationelles Detail fokussiert, das eigentlich nur ein kleines Nebenergebnis meiner Forschungen war.

Am 22. August 1999 titelte die *Sunday Times*: »William finds a dark lady in his life.« Gemeint war – und dies wurde plakativ in Text und Bild vor Augen geführt – neben der Ikone William Shakespeare – auch das Idol der Briten, der damals blutjunge Prince William. »Literary detectives«, so hieß es in dem von zwei Autoren auf der Grundlage meines unveröffentlichten Buches verfassten Artikel, »have found evidence that Shakespeare was Prince William's ancestor«. Und weiter: »An inquiry into the identity of the ›Dark Lady‹, with whom Shakespeare is said to have had an affair, has led researchers to the link. They will name the Dark Lady as Elizabeth Wriothesley, who had Shakespeare's illegitimate daughter, Penelope, in 1598. The girl married the second Baron Spencer, from whom Princess Diana was directly descended. The claims, by the Shakespearean scholar Hildegard Hammerschmidt-Hummel, of Mainz University in Germany, rest on her belief that two portraits of an unnamed woman ... depict the Dark Lady.«

Prinz William ein Nachfahre Shakespeares? Die Nachricht schlug ein wie eine Bombe, die Agenturen schickten die Sensation um den Globus, die Emotionen schlugen hohe Wellen. Eine fassungslose, ältere englische Kollegin sprach sogar von ›lunacy‹. Ich selbst war bestürzt und empört. Ein deutscher Kollege, dem mein Manuskript vorgelegen hat, der nach eingehender Prüfung von der Richtigkeit meiner Thesen und Beweisführung überzeugt war und auf dessen Rat hin ich Korrekturabzüge des Buches zwei bekannten englischen Kollegen zur Kenntnis gegeben hatte, meinte hingegen: »Jetzt ist die Katze aus dem Sack. Nehmen Sie eine Schlaftablette. Der morgige Tag wird schlimm werden.« Er sollte Recht behalten. Anrufer aus aller Welt legten am nächsten Tag die Leitungen der Johannes Gutenberg-Universität lahm, so die Aussage der Telefonzentrale. Doch alle Gespräche wurden letztlich an mich weitergeleitet. Immer wieder musste ich betonen, es handele sich nicht um eine autorisierte Version. Diese werde – mit allen entscheidenden Forschungsergebnissen – erst anlässlich der offiziellen Buchvorstellung bekannt gegeben. Irgendwie muss ich – zuletzt mit heiserer Stimme – überzeugt haben. Denn zahlreiche Journalisten gaben sich zur Pressekonferenz in Darmstadt ein Stelldichein. Auch die durch die englische Vorveröffentlichung gefährdete Exklusiv-Veröffentlichung meiner Ergebnisse in einem bekannten deutschen Magazin konnte termingerecht erscheinen.

Ein weiterer deutscher Kollege und Schriftsteller, dem ich im Juli 1999 nach längerer telefonischer Rücksprache und Zusicherung der vertraulichen Behandlung ebenfalls das Manuskript meines unveröffentlichten Buchs zur Verfügung gestellt hatte, erschien von den Ergebnissen wie elektrisiert. Das neue Sonett auf dem Gemälde »The Persian Lady« hielt er für »very Shakespearian«. In einem vertraulichen Gespräch berichtete er seinem Verleger von meiner Entdeckung – ohne Preisgabe von Namen und Details. Während eines langen Telefonats bemühte sich der Verlagschef daraufhin um meine Zustimmung für die Zurückhaltung des bereits im Druck befindlichen wissenschaftlichen Manuskripts. Er ließ mich wissen, er wolle die Geschichte – nach entsprechender Aufbereitung – »ganz groß« herausbringen. Trotz des verlockenden Angebots war für mich klar, dass meine jüngsten Entdeckungen – sorgfältig dokumentiert und belegt – der Fachwelt und dem allgemeinen Publikum zunächst in einer wissenschaftlichen Publikation präsentiert werden mussten.

Ähnlich aufregend wie die besonderen Umstände, unter denen meine Identifizierung der Geliebten Shakespeares erstmals an die Öffentlichkeit gelangten, war auch der Weg, der zu diesem Ziel führte. Bei meinen umfangreichen Studien elisabethanisch-jakobäischer Porträts im Zusammenhang mit meinem geplanten, von der Deutschen Forschungsgemeinschaft geförderten Buch über die authentischen Bildnisse William Shakespeares, stieß ich zufällig auf das Porträt »The Persian Lady« in Hampton Court, das mich wegen der großen Fülle allegorisch verschlüsselter Bildzeichen sogleich fesselte. Die mysteriöse, vornehme und – wie mir schien – hoch schwangere Unbekannte in prachtvoller Gewandung hatte für mich eine unvergleichliche Ausstrahlung – ebenso das literarisch anspruchsvolle, anonyme Sonett auf diesem Gemälde. Text und Bild waren in allen Details wechselseitig aufeinander bezogen. Immer wieder las ich dieses kunstvolle, für die Shakespeare-Zeit typische Sonett und dachte über seinen Inhalt nach, immer wieder begeisterte mich seine geniale bildkünstlerische Umsetzung. Es sollte zum Ausgangspunkt meiner nachfolgenden Forschungen werden.

Nach intensiven linguistischen Vergleichen, bei denen mir ein Experte für die Geschichte der englischen Sprache beratend zur Seite stand, gab es für meinen Kollegen und mich keinen Zweifel mehr: Dieses Gedicht war nicht nur im typischen Stil der Shakespeareschen Sonette abgefaßt, sondern es enthielt auch entscheidende (bildsprachliche) Ausdrücke, die ausschließlich Shakespeare verwendet hatte. Es schildert das Ende einer Dreierbeziehung, bei der der Dichter ausgegrenzt und um die »Früchte seiner Liebe« betrogen wurde, die nun ›anderen‹ gehören. Bitter beklagt das dichterische Ich, dass ihm nur die Schalen bleiben. Textlich wie bildlich figuriert der aus guten Gründen anonym gebliebene Urheber des neuen Sonetts als ›weinender Hirsch‹, der von der Hand der schwangeren Geliebten mit Perlen – wie Tränen – bekränzt wird. Es konnte sich um keinen Geringeren als Shakespeare selbst handeln. Mehr noch: Das neue Sonett war offensichtlich das bisher fehlende Abschluss-Sonett der ›Dark Lady‹-Sonette, in denen eine hoch emotionale, dramatische Dreiecksbeziehung mit Menschen aus Fleisch und Blut realistisch geschildert wird. In diese Beziehung verstrickt waren der Dichter (William Shakespeare), seine (bislang nicht identifizierte) Geliebte und – wie oft vermutet – der Patron und Freund Shakespeares (der dritte Graf von Southampton).

Wer aber war die geheimnisumwitterte, schöne, schwangere und vornehme Dame auf dem Gemälde »The Persian Lady«?

Rasch wurde mir klar: Wegen der kostbaren, damals hoch modischen Gewandung der Unbekannten musste meine Suche am oder im Umfeld des königlichen Hofes in London beginnen, und zwar in den 1590er Jahren, der Entstehungszeit des Gemäldes »The Persian Lady« und der Shakespeareschen Sonette. Von den großes Aufsehen erregenden Liebesaffären am Hofe Elisabeths I. fiel nur eine in die letzte Dekade des 16. Jahrhunderts: diejenige zwischen Shakespeares Patron, dem Grafen von Southampton, und der Hofdame Elizabeth Vernon. Es war zugleich die mit großem Abstand spektakulärste. War Vernon Shakespeares ›Dark Lady‹? War sie die *femme fatale* seiner Liebessonette, die zwischen zwei Männern stand, dem Dichter und seinem hochstehenden Freund?

Bei fast jeder Station meiner fieberhaften Suche nach Belegen und Indizien für diese These habe ich mit Experten unterschiedlicher Disziplinen zusammengearbeitet. Ein Botaniker fand heraus, dass die auf dem Gemälde »The Persian Lady« realistisch wiedergegebenen Blätter und Früchte des Baumes, unter dem die elegante Unbekannte porträtiert wurde, nicht zusammenpassten und stand vor einem Rätsel. Erst einige Zeit später begriff ich: Wir hatten es mir einer verschlüsselten visuellen Botschaft zu tun, wie sie für viele elisabethanische Gemälde üblich war. Verbalisiert lautete sie: »Der Baum trägt die falsche Frucht« und harmonierte auf verblüffende Weise mit der Hauptaussage des neuen Sonetts.

Ein hinzugezogener Gynäkologe stellte fest, dass die vornehme Dame – wie von mir vermutet – tatsächlich hoch schwanger war und rund 8 bis 12 Wochen vor der Niederkunft stand. Die von mir ermittelten historisch-biographischen Fakten besagten: die Hofdame Elizabeth Vernon war von Königin Elisabeth I. – wegen ihrer nicht mehr zu übersehenden Schwangerschaft – im Frühsommer 1598 gnadenlos des Hofes verwiesen worden. Ende August 1598 heiratete sie heimlich in einer kleinen Kirche bei London den Grafen von Southampton – fast genau 10 Wochen vor der Geburt ihres ersten Kindes. Da dies ohne die Erlaubnis der Monarchin geschah, wurde sie ins Gefängnis geworfen, wo sie ihre Tochter Penelope gebar.

Meine Gesichtsvergleiche zwischen einem authentischen Porträt der Gräfin von Southampton und der »Persian Lady« – bei ihnen konnte ich mich erneut auf die bewährte und unschätzbare Hilfe des BKA-Identifizierungsexperten stützen – ergaben, dass die vornehme Unbekannte auf dem Porträt in Hampton Court tatsächlich mit der Gräfin von Southampton identisch ist. Damit stand fest, dass sie auch die rund vierhundert Jahre gesuchte ›Dark Lady‹ der Shakespeareschen Sonette war.

Das lebensgetreue Bildnis »Elizabeth Wriothesley, geb. Vernon, Gräfin von Southampton, bei der Toilette« in der Sammlung der Herzogs von Buccleuch, Boughton House, das mir als Vergleichsgrundlage gedient hatte, war aus den verschiedensten Gründen ungewöhnlich und faszinierte mich ähnlich wie die »Persian Lady«. Es macht den Betrachter zum heimlichen Beobachter einer mehr oder weniger intimen Szene. Die Gräfin scheint gerade aufgestanden zu sein, ist noch nicht aufgemacht und noch nicht vollständig angekleidet. In ihrer rechten Hand hält sie einen Kamm, den sie zum Kopf geführt hat. Beide Bilder waren keineswegs unbekannt. Ganz im Gegenteil: sie wurden häufig in bedeutenden kunstgeschichtlichen Werken reproduziert. Da ich vermutete, dass auch das Toiletten-Bildnis der Gräfin – wie die »Persian Lady« – Botschaften enthalten könne, betrachtete ich es immer wieder und prüfte dabei genauestens jedes Detail: Gesicht, Augen, Nase, Mund, Hals, Kopfumrissform und Haare, die langen, noch unfrisierten, dunklen Haare, von denen der Dichter in den ›Dark Lady‹-Sonetten als »schwarzen Drähten« spricht, aber auch den Schmuck auf dem Frisiertisch, den hermelinbesetzten Mantel auf dem Bett und das darüber hängende Mieder mit Spitzenkragen. Als ich eines Tages im Vorübergehen erneut einen eher beiläufigen Blick auf das Bild warf, bemerkte ich ganz plötzlich am rechten Ärmel der Gräfin ein Gesicht. Was ich sah, konnte ich zunächst nicht glauben. Und doch sah ich es deutlich vor mir: das Gesicht Shakespeares am Ärmel der Gräfin von Southampton. Als ich meinen Fund dem BKA-Experten präsentierte, der mit Shakespeares Gesichtszügen bestens vertraut war, hatte er doch bereits 1995 die entscheidenden Identitätsnachweise für die Darmstädter

Shakespeare-Totenmaske, das Flower-Porträt und das Chandos-Porträt erbracht, war auch sein Erstaunen groß. Er bestätigte, dass es sich tatsächlich um die Gesichtszüge William Shakespeares handelte. Damit lag ein zusätzlicher und unabhängiger Beleg für die intime Beziehung zwischen dem Dramatiker und Elizabeth Vernon vor, die zur Entstehungszeit des Porträts – wie der hermelinbesetzte Mantel auf dem Bett indiziert – bereits Gräfin von Southampton war.

Rekapitulieren wir: Das neue Sonett auf dem Gemälde »The Persian Lady« hatte erstmals Aufschluss darüber gegeben, wie die in Shakespeares ›Dark Lady‹-Sonetten schonungslos und realistisch präsentierte Dreiecksbeziehung endete: nämlich durch Ausgrenzung des Dichters, dessen größter Schmerz allerdings nicht der Verlust der Geliebten, sondern der Verlust seines ungeborenen Kindes ist. Diese Aussage sowie zahlreiche andere Hinweise, darunter das ernstzunehmende, am Hofe Elisabeths I. kursierende Gerücht, bei der Braut des Grafen von Southampton sei noch ein anderer Mann im Spiel, bestärkten mich in der Annahme, der Vater des ungeborenen Kindes der »Persian Lady« (= »Dark Lady«) sei nicht Southampton, sondern Shakespeare.

Der Zufall wollte es, dass ich im Abbildungsverzeichnis eines um 1900 publizierten Werks eines deutschen Kunsthistorikers (mit weit über 500 Abbildungen von Anthony van Dyck) den Namen »Lady Penelope Wriothesley« entdeckte. Ich war zunächst wie gebannt. Sollte in diesem Band wirklich die erstgeborene Tochter der Gräfin von Southampton abgebildet sein? Der Name schien eindeutig. Maler und Entstehungszeit passten. Während ich die Abbildung unter der angegebenen Seite suchte, zitterten mir die Hände. Wenn sie es wirklich war, so mein beherrschender Gedanke, wie sah sie aus? Wem ähnelte sie, ihrer Mutter, ihrem leiblichen Vater oder keinem von beiden?

Als ich endlich in Penelopes Gesicht schaute, sah ich, dass sie keine Ähnlichkeit mit dem Grafen von Southampton hatte, dafür aber William Shakespeare sozusagen wie aus dem Gesicht geschnitten zu sein schien. Bei den von dem Identifizierungsexperten des BKA vorgenommenen Gesichtsvergleichen stellten sich mit Bezug auf den Grafen nur

Abweichungen heraus. Zwischen Shakespeare und Penelope aber wurden zahlreiche Übereinstimmungen bzw. Entsprechungen der Gesichtsmerkmale nachgewiesen, während der Vergleich zwischen Mutter und Tochter keinerlei Ähnlichkeiten, sondern nur Abweichungen ergab.

Erst nach der Veröffentlichung meines Buches *Das Geheimnis um Shakespeares ›Dark Lady‹* fand ich heraus, dass dem deutschen Kunsthistoriker an der Wende vom 19. zum 20. Jahrhundert ein Fehler unterlaufen war: Es handelte sich nicht um die *Tochter* der Gräfin von Southampton, sondern um eine *Enkelin*, anscheinend um Lady Elizabeth Spencer. Da die Spencers dieses Bild in der zweiten Hälfte des 20. Jahrhunderts versteigern ließen, um die hohe Steuerlast begleichen zu können, befindet sich das Porträt heute in der Tate Britain Galley in London (s. dazu Abb. 110 meiner Shakespeare-Biographie *William Shakespeare. Seine Zeit – Sein Leben – Sein Werk*, S. 159). Das Porträt der Lady Penelope Spencer, geb. Wriothesley, befindet sich nach wie vor in Althorp in Northamptonshire, dem Stammsitz der Spencers. Als ich im Sommer 2002 Althorp besuchte, erlaubte man mir großzügig, mich in der Sammlung frei zu bewegen, um das Porträt der »Lady Penelope Spencer« zu suchen. Denn ihr genauer Standort war nicht bekannt. Als ich das repräsentative Bildnis schließlich oberhalb der großen Treppe im Haupttrakt des Spencerschen Anwesens fand, konnte ich mich von dem Anblick kaum losreißen. Die Ähnlichkeit zwischen Penelope Spencer und William Shakespeare war frappierend. Wieder zuhause angekommen, führte ich detaillierte Gesichtsvergleiche durch sowie Vergleiche verschiedener Gesichtsausschnitte (s. dazu Abb. 109 a-d in *William Shakespeare*, S. 157-58), die meine ersten Eindrücke voll bestätigten. Lady Penelope Spencer, die erstgeborene Tochter der ehemaligen Hofdame Elizabeth Vernon, nachmals Gräfin von Southampton, musste somit die leibliche Tochter William Shakespeares sein.

Zu klären blieb abschließend noch die spannende Frage, ob sich Penelopes Nachkommen bis in die Gegenwart verfolgen lassen. Zwar hat sich die Linie im frühen 18. Jahrhundert geteilt. Der älteste der Spencer-Söhne wurde Herzog von Marlborough (und damit ein Vorfahr des englischen Premierministers Winston Churchill). Der zweite Sohn der Spencers übernahm das väterliche Erbe und setzte die genealogische Linie fort –

bis hin bis zum gegenwärtigen neunten Grafen Spencer. Somit sind auch die 1997 tödlich verunglückte Prinzessin Diana und ihre Söhne, die englischen Prinzen William und Harry, Nachfahren William Shakespeares. Die Linie der legitimen Nachkommen des Dramatikers aber endet bereits im Jahre 1670, als Shakespeares einzige Enkelin, Lady Elizabeth Barnard, ohne eigene, leibliche Kinder starb.

Wiesbaden, im März 2010

Hildegard Hammerschmidt-Hummel

* Die Stadt Darmstadt ist die Eigentümerin der Darmstädter Shakespeare-Totenmaske, deren Echtheit ich 1995 – in Zusammenarbeit mit mehreren Experten unterschiedlicher Disziplinen – nachweisen konnte.

SHAKESPEARES GELIEBTE

DIE WAHRE GESCHICHTE

EIN BÜHNENSTÜCK IN 35 BILDERN

ZEIT

1591 – 1609

ORT

London

PERSONEN

Hauptrollen

WILLIAM SHAKESPEARE, berühmtester und beliebtester Bühnendichter Londons

ELIZABETH VERNON, Hofdame Königin Elisabeths I., Geliebte William Shakespeares und Cousine des Grafen von Essex. Sie heiratet – hoch schwanger – den Grafen von Southampton

HENRY WRIOTHESLEY, GRAF VON SOUTHAMPTON, Shakespeares Patron, Freund und Nebenbuhler, der dem Dichter die Geliebte ausspannt

LADY PENELOPE RICH, Schwester des Grafen von Essex und Cousine von Elizabeth Vernon

MARCUS GHEERAERTS DER JÜNGERE, bedeutendster Porträtmaler Englands, der die Königin und Mitglieder des Hofs malt

ELISABETH I., KÖNIGIN VON ENGLAND

WILLIAM CECIL, LORD BURGHLEY, engster Berater und Erster Minister Elisabeths I.

Nebenrollen

Robert Devereux, Graf von Essex, Günstling der Königin, engster Freund des Grafen von Southampton und einer der mächtigsten Männer Englands

Gräfin von Essex

3 Höflinge

3 Hofdamen

Lady Penelope Wriothesley (11 Jahre), erstgeborene Tochter von Elizabeth Vernon, Gräfin von Southampton. Penelopes leiblicher Vater ist William Shakespeare

Ein Priester

Eine Brautjungfer

Ein Vermummter

Richard Burbage, der erste große Darsteller Shakespearescher Rollen

Willoughby, ein Höfling

Luke, Shakespeares Botenjunge

Lehrling des Malers Marcus Gheeraerts

Ein Bote

Ein Tavernenwirt

Nachtwache am Stadttor

Personen

Ein zum Tode verurteilter katholischer Priester

Ein Hilfssheriff

Ein Fremder

Palastwache

Wärter im Gefängnis

2 Gestalten der Londoner Unterwelt

Schauspieler in diversen Shakespeare-Rollen

~

RAHMENHANDLUNG

Essex House, The Strand – Londoner Residenz des Grafen von Essex auf dem Nordufer der Themse, gegenüber der Kirche St. Clement Danes – Ende August 1598

(Früher Abend. Es dämmert. Lautes Pferdegetrappel. Ein Bote wird zum Grafen von Essex vorgelassen, der sich in seiner Bibliothek aufhält. Der Graf, der elegant und modisch gekleidet ist, wirkt übermüdet, angespannt und nervös. Der Bote übergibt ihm einen versiegelten Brief. Essex öffnet ihn und liest. Der Text wird gezeigt und gleichzeitig mit der Stimme des Grafen von Southampton gesprochen.)

›2000 an 1000. Der Hauptgrund meiner Anwesenheit in der Stadt ist, mit eurer Lordschaft zu sprechen. Wenn es euch daher gefällt, mir eine Zeit und einen Ort zu nennen, an dem wir ungestört unter vier Augen sprechen können, so werde ich dort inkognito erscheinen.‹

(Essex geht an sein Schreibpult, verfasst zügig einige Zeilen, versiegelt sie und gibt sie dem Überbringer. Dieser entfernt sich – ebenso schnell wie er gekommen ist. Essex lässt sein Pferd satteln und sprengt durch den Torbogen von Essex House, überquert The Strand und reitet in Richtung Lincoln's Inn Fields.)

Ein geheimer Ort an der Südseite von Lincoln's Inn Fields – Im Hinterzimmer einer Taverne

(Als Essex den Raum betritt, ist Henry Wriothesley, der dritte Graf von Southampton, bereits anwesend. Southampton ist als Merchant Adventurer verkleidet. Er legt seine Tarnkleidung ab und erscheint nun ähnlich vornehm wie Essex. Die Männer begrüßen sich herzlich, setzen sich an einen Tisch. Der Wirt bringt einen Krug mit Claret und zwei Gläser. Southampton breitet Papiere aus, die Essex sorgfältig studiert. Man bespricht mit großem Ernst eine offensichtlich äußerst wichtige Angelegenheit. Die Mienen der Männer verdunkeln sich mitunter, hellen aber rasch wieder auf. Nach geraumer Zeit sind sie offensichtlich in allen Punkten überein gekommen. Sie

besiegeln ihre Vereinbarung mit einem langen, festen und freundschaftlichen Händedruck und sehen sich in die Augen. Sie trinken ein Glas Claret und eilen, nachdem Essex eine Münze auf den Tisch gelegt hat, auf getrennten Wegen davon.)

Eine kleine Kirche auf dem Lande in der Nähe Londons

(Dort findet eine heimliche Trauung nach katholischem Ritus statt, zu der eine kleine, festlich gekleidete Gesellschaft versammelt ist. Im Mittelpunkt stehen der Graf von Southampton in kostbarer Robe und mit Federhelm wie auf dem bekannten Porträt in Montacute und seine Braut, die ehemalige Hofdame Königin Elisabeths I., Elizabeth Vernon. Das äußere Erscheinungsbild der Braut entspricht ganz der Wiedergabe auf dem Gemälde ›The Persian Lady‹ von Marcus Gheeraerts dem Jüngeren. Ihr Gesicht ist blässlich und kosmetisch aufgemacht. Sie trägt eine kurze blonde Lockenperücke, unter der an einigen Stellen ihr langes schwarzes Eigenhaar hervortritt, und darüber einen kunstvoll aufgesteckten Turban, aus dem ein langer goldener Seidenflor wie ein Wasserstrahl hervorquillt. Ihr weißgrundiges Seidenkleid – es handelt sich um ein Wickelkleid – ist mit bunten Blumen und Früchten bestickt. Man erkennt, dass Vernon hoch schwanger ist und rund 10 Wochen vor der Entbindung steht. Neben der Braut stehen der Graf und die Gräfin von Essex. Essex trägt ein silbergrau schimmerndes Wams – so wie auf dem bekannten Porträt in der National Portrait Gallery in London. Hinter der Braut sehen wir eine schöne, hoch gewachsene und schlanke Brautjungfer. Sie ist achtzehn Jahre alt. Trägt einen Blumenkranz auf dem offenen langen Haar und ein langes, leicht ausgestelltes weißes Seidenkleid. Neben Southampton befindet sich eine elegante Dame mittleren Alters in einem rötlich schimmernden, eng taillierten Kleid mit feinster weißer Spitze. Es handelt sich um Penelope Devereux, Lady Rich, die Schwester des Grafen von Essex.

Ein Vermummter gelangt ungesehen durch den Hintereingang in die Kirche und versteckt sich im Beichtstuhl. Er verfolgt jedes Detail der Zeremonie und ist stark erregt.

Wir werden Zeuge eines Ausschnitts der Trauung.)

PRIESTER

Elizabeth Vernon, ich frage auch euch: Seid ihr nach reiflicher Überlegung *(Er vermeidet es, den sich vorwölbenden Bauch der Braut zu registrieren.)* und aus freiem Entschluss hierhergekommen *(Aus der Richtung des Beichtstuhls kommend, ist ein leises, nicht genau definierbares Geräusch, eine Art Räuspern, zu vernehmen, das von der Gesellschaft jedoch nicht wahrgenommen wird.)*, um mit eurem Bräutigam den Bund der Ehe einzugehen?

VERNON

(Leise.) Ja.

PRIESTER

So sprecht mir nach:
Vor Gottes Angesicht

VERNON

Vor Gottes Angesicht

PRIESTER

nehme ich euch, Henry Wriothesley, Graf von Southampton und Baron von Titchfield,

VERNON

nehme ich euch, Henry Wriothesley, Graf von Southampton und Baron von Titchfield,

PRIESTER

zu meinem Ehemann.

VERNON

zu meinem Ehemann.

(Lady Essex und Lady Rich sind zutiefst gerührt und den Tränen nahe. – Der vermummten und von niemandem der Anwesenden bemerkten Gestalt im Beichtstuhl treten Tränen in die Augen. Das Ende der Zeremonie erfolgt

– bildlich verschwommen – aus ihrer Perspektive. Der gesprochene Text ist nun besonders laut und deutlich und erzeugt einen zuvor nicht vernehmbaren Widerhall in der Kirche.)

PRIESTER
Ich will euch lieben, ehren und euch die Treue halten,

VERNON
Ich will euch lieben, ehren und euch die Treue halten,

(Der Vermummte lässt – schmerzlich berührt – den Kopf sinken.)

PRIESTER
in guten und in bösen Tagen

VERNON
in guten und in bösen Tagen

PRIESTER
in Gesundheit und in Krankheit

VERNON
in Gesundheit und in Krankheit

PRIESTER
bis dass der Tod uns scheidet.

VERNON
bis dass der Tod uns scheidet. *(Southampton berührt seine Braut sanft mit der Schulter. Essex und Lady Essex lächeln ihr zu. Die Brautjungfer ist von dem feierlichen Augenblick ergriffen. Lady Rich wirft Elizabeth Vernon einen triumphierenden Blick zu. – Aus den Augen des Vermummten treten Tränen. Er stützt seinen Kopf mit den Händen ab.)*

PRIESTER

(Nun zu Southampton gewandt, der einen Emblemring bereithält.) Tragt diesen Ring zum Zeichen meiner Treue.

SOUTHAMPTON

(Feierlich.) Tragt diesen Ring zum Zeichen meiner Treue. *(Steckt Vernon den Ring an den rechten Daumen.)*

PRIESTER

Was Gott verbunden hat, das soll der Mensch nicht trennen. *(Spricht den Segen.)* Im Namen des Vaters und des Sohnes und des Heiligen Geistes. Amen. *(Die Anwesenden bekreuzigen sich. Auch der Fremde im Beichtstuhl macht das Kreuzzeichen. Er wirft einen langen Blick auf die Braut, aber auch auf die hinter ihr stehende Brautjungfer, die ihm als Inkarnation der Unschuld erscheint. Er verschwindet dann ebenso rasch und unbemerkt wie er gekommen ist.)*

Ein fruchttragender Baum in der Nähe der Kirche. Dahinter ein begrüntes Tal mit einem klaren Gewässer – Rund zwei Stunden nach der Trauung

(Southampton – nun bereits wieder in inkognito und in Reisekleidung – verabschiedet sich von seiner Braut und scheint in großer Eile zu sein. Das Paar umarmt und küsst sich. Sie reißen sich voneinander los, kommen jedoch beide noch einmal zurück. Southampton nimmt Vernons Hände in die seinen und drückt sie an sich, flüstert ihr etwas zu, küsst sie erneut, steigt dann in seine bereits wartende Kutsche und fährt ab. Vernon und die kleine Hochzeitsgesellschaft winken ihm nach. Es setzt ein lebhaftes Gespräch ein.

Die Brautjungfer, die sich langweilt, erkundet die Flora der Umgebung. Sie begegnet dem achtzehnjährigen Lehrling des Malers Marcus Gheeraerts, bei dem es sich um einen vielversprechenden, gutaussehenden und schlagfertigen jungen Mann handelt. Er trägt eine Staffelei sowie Zeichen- und Malutensilien. Er ist vom Anblick der Brautjungfer, die ihn kaum beachtet, fasziniert. Beide nehmen nahezu gleichzeitig im Gebüsch einen Vermummten wahr. Es handelt sich um den Fremden, der heimlich der Trauung beiwohnte und sich jetzt draußen versteckt hat, um das weitere

Geschehen zu beobachten. Er legt seine Vermummung ab und wischt sich mit einem Taschentuch die Augen. Seine Gesichtszüge sind sich nun klar erkennbar: Es ist William Shakespeare. Der Malerlehrling bekommt große Augen und gibt der Brautjungfer zu verstehen, dass er den Fremden kennt. Shakespeare ist ein Freund seines Meisters Marcus Gheeraerts. Im selben Augenblick sieht er, wie Gheeraerts nach ihm Ausschau hält. Rasch seine Gegenstände, die er abgelegt hatte, einsammelnd, eilt er ihm entgegen.

Auch die Brautjungfer wird vermisst. Man ruft mehrere Male ihren Namen: ›Mary‹, ›Mary‹, ›Mary‹. Durch ihre Antwort ›Ich komme‹ wird Shakespeare auf sie aufmerksam. Ihre Blicke treffen sich. Das Mädchen signalisiert Shakespeare, dass sie schweigen wird.)

Dieselbe Szenerie – wenig später

Der Malerlehrling baut unter Anleitung seines Meisters Gheeraerts die Staffelei unter einem fruchttragenden Baum auf. Der Maler bringt die Gräfin von Southampton in die von ihm gewünschte Position. Sie steht nun so unter dem Baum, dass dessen Krone ihren Kopf umrahmt und sein hoher brauner Stamm rechts neben ihr aufragt. Gheeraerts geht rasch ans Werk. Er skizziert die Umrisse von Baum und junger Frau und konzentriert sich auf ihr Gesicht und ihre Gewandung.

Shakespeare wirft noch einen letzten Blick auf das sich ihm bietende Schauspiel. Er verlässt – wiederum unbemerkt – den Ort, geht schnellen Schrittes zu seinem Pferd, das in einiger Entfernung an einen Baum gebunden ist, und sprengt davon.)

Shoreditch – Am nächsten Tag. Shakespeares Unterkunft – Es ist früher Morgen

(Shakespeare, ganz in schwarz, inmitten von zahlreichen, teils aufgeschlagenen Büchern und einem Stapel von Manuskripten. Vor ihm liegt ein angefangenes Blatt, daneben Federkiel und Tintenfass. Die Finger seiner rechten Hand zeigen Spuren von dunkler Tinte. Einige beschriftete Blätter wurden zusammengeknüllt und beiseite geworfen. Der Dichter ist von tiefer

Depression befallen. Er stützt den Kopf mit beiden Händen ab und grübelt. Nach einigen Minuten des Schweigens bricht es aus ihm heraus:)

SHAKESPEARE

›O faule Lüge‹, *(dann lauter.)* ›faule Lüge‹ *(dann noch einmal sehr laut.)* ›was für eine faule Lüge‹ *(sinkt danach kraftlos in sich zusammen.).*

(Ein Klopfen an der Tür. Shakespeare reagiert nicht. Marcus Gheeraerts tritt ein.)

GHEERAERTS

(Freundlich und mit kraftvoller Stimme.) Guten Morgen, Master Shakespeare. Komme ich ungelegen? *(Schaut Shakespeare, der sich erhoben hat und ihm bedeutet, auf einem Stuhl Platz zu nehmen, prüfend an.)* Wir waren verabredet. Wie ich sehe, *(mitleidsvoll.)* seid ihr nicht wohl. Es geht euch mit anderen Worten ziemlich besch…eiden. *(Shakespeare macht einen sehr leidenden Eindruck. Er ist blaß, müde und hat dunkle Schatten unter den Augen.)* Befolgt den Rat eines guten Freundes: Geht für ein paar Tage aufs Land und versucht, das, was gestern geschehen ist, beiseite zu schieben. Ich denke, unsere Zusammenarbeit kann noch ein paar Tage warten – solange jedenfalls, bis das Porträt der Gräfin ausgeführt ist. *(Shakespeare erscheint lethargisch, ist geistig abwesend.)* Sie kommt noch zweimal in ihrem wunderbaren Kleid ins Studio. Ihr habt es aus eurem Versteck gut sehen können? Ihr Gesicht, mein Gott, dieses schöne Madonnengesicht *(Shakespeare reagiert nicht.)*, und ihre Augen, ihre wunderbaren Augen, mit denen sie immer alles erreicht hat *(Shakespeare zeigt keine Reaktion.)*, habe ich sofort an Ort und Stelle festgehalten. *(Shakespeare schaut kurz zu ihm auf. Gheeraerts erkennt, dass er das Falsche gesagt hat und versucht nun, den Fehler wieder gutzumachen.)* Entschuldigt, das war ziemlich dumm. *(Dann mitfühlend, aufrichtig und freundschaftlich.)* Ihr müsst euch eure Melancholie vom Leibe schreiben. Sonst wird sie euch zerstören. *(Pause. Dann sachbezogen und in ihn dringend.)* Bitte, lasst mich nicht im Stich. Schreibt mir die Texte. Ihr wisst, ich brauche sie dringend.

SHAKESPEARE

(Verbittert und sarkastisch.) Ihr wollt einen Text, Master Gheeraerts? Hier ist er. Ich hab ihn längst fertig. Alles trefflich auf den Punkt gebracht: ›Die faule Lüge‹, *(lauter.)* ›Die faule Lüge‹ *(laut herausschreiend.)* ›Die faule Lüge‹. *(Gheeraerts erschrickt, da er erst begreift, wie tief verletzt Shakespeare ist und wie sehr er leidet.)* Ist das nicht ein wunderbares Motto für euer Bild? *(Noch sarkastischer.)* In großen Lettern von eurem besten Kalligraphen oben links sauber ausgeführt: ›Die fau-le Lü-ge‹. Wie gut das von der Zunge geht.

GHEERAERTS

(Darauf nicht eingehend und bestrebt, das Gespräch zu versachlichen.) Master Shakespeare, die Gräfin wird ungeduldig. Sie wünscht die rasche Fertigstellung des Gemäldes.

SHAKESPEARE

(Heftig, verbittert und ironisch.) Ach, gräfliche Hoheit wünschen die rasche Fertigstellung ihres hübschen Konterfeis. *(Höhnisch.)* Ich dachte, gräfliche Hoheit besitzt bereits alles, was sie jemals begehrte? *(Dann erzwungen sachlich und prononciert.)* Richtet der erlauchten Gräfin aus, dass William Shakespeare sich nun nicht mehr willig ihren Weisungen fügen wird. *(Besinnt sich eines Besseren:)* Nein, sagt ihr ganz einfach, ihr Faktotum wird ihr auch diesen – vermutlich letzten – Liebesdienst erweisen. *(Leise.)* Doch diesmal zu meinen Bedingungen.

GHEERAERTS

(Die Tonlage Shakespeares ignorierend.) Wir sehen uns also in drei Tagen. Sagen wir eine Stunde nach dem Ende der Vorstellung in der Mermaid Taverne, am besten im Hinterzimmer. Vergesst um Himmels willen euer Sonett und die Inschrift nicht. *(Nun sehr ernst und mit großer Empathie.)* An eines, Master Shakespeare, aber solltet ihr immer denken, wenn die schwarze Galle von euch Besitz ergreift: Nicht ihr braucht die Welt, doch die Welt braucht euch. Euer Werk ist nicht nur für unsere Zeit; es wird die Zeiten überdauern. *(Shakespeare scheint nicht zu reagieren.)* Ich weiß, dass ihr mich hört. Ich bin euer Freund

und ihr wisst es. Nur eines noch: Betrachtet den Schmerz, den man euch zufügte, als Medizin. *(Bei diesen Worten horcht Shakespeare auf. Seine Augen blitzen und zeigen, dass er die Botschaft verstanden hat. Er wirft Gheeraerts nun einen dankbaren Blick zu, den der Maler erwidert. Gheeraerts verlässt dann rasch den Raum.*

Wieder allein, macht Shakespeare den Tag zur Nacht und verhängt die Fenster. Er wirft sich auf sein Bett und schließt die Augen, aus denen seitlich Tränen heraustreten. Bevor er in einen langen Schlaf verfällt, lässt er die erlebte Geschichte seiner Beziehung zu Elizabeth Vernon und dem Grafen von Southampton, aber auch die Geschehnisse, von denen ihm berichtet wurde, filmartig Revue passieren.)

RÜCKBLENDE

I

Am Hof zu Whitehall in London – Sommer 1591 – Ankunft der neuen Hofdame Elizabeth Vernon

(Mehrere Gruppen von Höflingen und Hofdamen. Man macht spitze Bemerkungen über die 18jährige Landpomeranze Elizabeth Vernon, die Gerüchten zufolge Hofdame der Königin werden soll. Dies geschieht zurückhaltender als gewöhnlich. Denn Vernon ist die Cousine des einflussreichen Grafen von Essex, des Günstlings der Königin, und seiner viel bewunderten, aber auch wegen ihres Einflusses und ihrer spitzen Zunge gefürchteten Schwester, Penelope Devereux, Lady Rich. Sie ist, da sie noch minderjährig ist, auch Essex' Mündel. Lady Rich war einst die Muse von Sir Philip Sidney und wird auch Stella genannt.)

1. HÖFLING

Eine Landpomeranze! Wie aufregend. Jetzt können wir uns ja die Landpartien ersparen. *(Gelächter.)*

2. HÖFLING

Ländliche Gepflogenheiten oder besser *country matters* – jetzt auch bei Hofe? Freunde, das verdirbt uns doch wirklich den Spaß, ich meine das ganze schöne Drum und Dran auf dem Lande.

3. HÖFLING

Einen kleinen Vorgeschmack von den Praktiken des ›ländlichen Stils‹ bei Hofe haben wir doch längst. Stella, kennt keine Scham. Sie ist wie eine Vase, die unaufhörlich gefüllt wird. Jetzt hat sie den Spender gewechselt. Kinder wie die Orgelpfeifen.

1. HÖFLING

Seit sie dem griesgrämigen Lord Rich den Laufpass gegeben hat, was sie schon viel früher hätte tun sollen, treibt sie es offen mit Lord Mountjoy und lebt sogar mit ihm zusammen. Nebenbei gesagt, was für ein hübscher Name: ›Mount‹ und ›joy‹, oder sollte ich lieber sagen: ›Mount and ›enjoy‹? *(Die übrigen Höflinge goutieren den Witz mit Schmunzeln.)*

2. HÖFLING

Bei Lady Rich kann man inzwischen die Bastarde nicht mehr von den jungen Lords unterscheiden. Doch Essex und Mountjoy werdens schon richten.

3. HÖFLING

Pssst! Achtung.

(Auftritt Elizabeth Vernons. Sie ist von zierlicher Gestalt, hat einen hellen, zarten Teint und ist ausgesprochen attraktiv. Die Tatsache, dass sie nicht nach der neusten Mode gekleidet ist und nicht kosmetisch aufgemacht ist, mindert nicht ihre Anziehungskraft, sondern vermag sie noch zu erhöhen. Ihr langes schwarzes Haar, das sie – im Unterschied zu der kunstvoll aufgesteckten Haartracht der Hofdamen – offen trägt, ist ein besonderer Blickfang. Sie hält den Blick zumeist gesenkt, wirkt in der gegebenen Situation ein wenig schüchtern und leicht verunsichert. Wenn sie hin und wieder ihren Blick erhebt, werden ihre großen dunklen Augen sichtbar, die mit der Farbe ihrer Haare korrespondieren und sich kontrastreich von ihrem hellen Teint abheben. Die Höflinge sind sichtlich beeindruckt und geben dies durch ihre Mimik und Gestik zu erkennen. Die Hofdamen wittern die Konkurrenz, was an ihren Gesichtern abzulesen ist. Vernon wird von dem elegant gekleideten Grafen Essex, ihrem Vetter, eskortiert, der sich seiner eigenen herausragenden Position bei Hofe voll bewusst ist und entsprechend auftritt. Sie wird ferner von einem modebewussten Höfling mit formvollendeten Manieren begleitet. Essex flüstert seiner Cousine hin und wieder Verhaltensanweisungen zu. Sie schreiten zu den Privatgemächern Elisabeths I. – vorbei an den Höflingen und Hofdamen, die sie unaufhörlich beäugen.

Wenig später kommt die Gruppe zurück. Essex stellt seine Cousine als die neue Hofdame der Königin vor.)

ESSEX

Mylords und Myladies, ich habe die Ehre, Ihnen Elizabeth Vernon, unserer Majestät neue Hofdame, vorstellen zu dürfen. *(Essex, Vernon und der Höfling gehen ab. An Vernon fällt auf, dass sie sich nun sichtlich entspannter und freier, aber auch rhythmisch beschwingter bewegt als zuvor. Die Höflinge verfolgen begierig jede ihrer Bewegungen mit den Augen.)*

1. HOFDAME

Habt ihr sie euch angesehen? Immerhin – gar nicht so übel. Was meint ihr? *(Dann leicht herablassend.)* Aber sie soll arm sein wie eine Kirchenmaus. Ihr Vater, der ehrenwerte *(ironisch und auf der Zunge zergehend.)* Landedelmann Sir John Vernon von Hodnet in Shropshire, soll ihr und ihren zahlreichen Schwestern keinen Penny hinterlassen haben.

2. HOFDAME

Ihr habt eine flinke Zunge, meine Liebe. Die Mittellosigkeit unserer neuen Hofdame muss nicht unbedingt von Dauer sein. Bei ihrem Aussehen kann sich dies unter Umständen rasch ändern.

3. HOFDAME

(Zur 1. Hofdame.) Sagtet ihr sie kommt aus *(tut sich absichtlich mit der Aussprache schwer.)* Shropshire? Shropshire! Wo bitte ist denn Shropshire? Wie kann man nur aus Shropshire kommen. Das ist ja noch langweiliger als Warwickshire. Alles, was *mir* bei diesem Namen einfällt, ist: *(Betonung wie beim Kinderreim.)* Shropshire, Shropshire, they have a very good crop there.

1. HOFDAME

Und wie die Bäume dort tragen.

2. HOFDAME

Nicht nur die Bäume. *(Die Hofdamen stecken die Köpfe zusammen. Leises Kichern.).*

3. HOFDAME

Sie sieht in der Tat wie ein ›guter Baum‹ aus. Aber ich glaube nicht, dass Queen Mab schon bei ihr war, um ihr zu zeigen wie mans macht. *(Erneutes Kichern.)*

1. HOFDAME

(Mit spitzer Zunge.) Wie rührend sich der große Essex um seine niedliche Verwandte kümmert! Er soll ja sogar ihr Vormund sein. 50 Pfund jährlich ist sie ihm wert, damit sie ihre artigen Kleider einmotten lassen und sich zumindest die Mode vom Vorjahr leisten kann.

2. HOFDAME

(Flüsternd.) Achtung! Stella! *(Lady Rich geht huldvoll lächelnd vorbei. Sie liebt es, sich einzumischen und hat, obwohl sie offen mit ihrem Liebhaber Lord Mountjoy zusammenlebt, bei Hofe eine starke Stellung. Trotz gelegentlicher Spitzen gegen sie wird sie im allgemeinen sehr respektiert.)*
Die *(süffisant und das Wort auf der Zunge zergehen lassend.)* ›erfahrene‹ Stella wird ihre Cousine schon richtig einweisen, darauf könnt ihr euch verlassen.

3. HOFDAME

In die erhabenen oder die erhobenen Freuden des Lebens? Mit den ländlichen Düften *(hält sich die Nase zu.)* unserer Pomeranze wird es dann allerdings vorbei sein. Wenn ich mir allerdings einige unserer eitlen Pfauen ansehe *(blickt zu einer Gruppe von Höflingen hinüber.)*, würde ich ihnen diesen Duft gern längere Zeit erhalten.

1. HOFDAME

(Hinter vorgehaltener Hand.) Man sagt, sie kennt das Alphabet nur lückenhaft. Ob sie die vielen Briefchen, die unsere Lüstlinge ihr zustecken werden, überhaupt lesen kann? *(schallendes Gelächter.)* Stellt euch nur das peinliche Mißverständnis vor: Sie erhält eine Einladung von de Burgh, verwechselt den Namen mit Burghley und begibt sich in die Gemächer des Schwätzers. Der könnte vor Schreck verstummen und noch steifer werden. *(Erneut großes Gelächter.)*

2. HOFDAME

Was wisst denn ihr. Burghley könnte in dieser Situation unerwartet große Regungen zeigen. *(Süffisantes Lächeln.)*

3. HOFDAME

Hört, hört! *(Neugierig.)* Hat unsere Freundin etwa Erfahrungen mit Papa Burghley?

(Bevor eine Reaktion erfolgen kann, wird der Eintritt der Königin und ihres ersten Ministers und Beraters William Cecil, Lord Burghley, angezeigt. Alle verneigen sich.)

BURGHLEY

Es gefällt Ihrer Majestät, den Hof aus besonderem Anlass für den morgigen Tag um 14.00 Uhr zu Festlichkeiten und Banketten einzuladen. *(Verlässt an der Seite der Königin den Saal. Der Hof verneigt sich, während Elisabeth I. hoheitsvoll mit Burghley an den Anwesenden vorbeischreitet.)*

II

Shakespeares bescheidene Londoner Unterkunft in Shoreditch in der Nähe des ›Theatre‹

(Im Hintergrund Probenlärm. Shakespeare inmitten zahlreicher Bücher und in Betrachtung zweier Medaillons. Das erste zeigt seine Tochter Susanna, das zweite seine Zwillinge Hamnet und Judith – ein drittes mit dem Bildnis seiner Frau Anne wurde achtlos beiseite geschoben. Er greift nach einem Manuskript.)

SHAKESPEARE

(Heftig.) Marlowe, Marlowe, immer wieder Marlowe. Dieser Freigeist aus dem gottlosen Cambridge! Und dann die arroganten Schreiberlinge Nashe, Peele und der Moralapostel Greene, die ihn in den Himmel heben. Greene, schlimmster aller Heuchler, schreibt ihr noch immer an eurer ›Autobiographie‹? Sie wird mit Sicherheit unüberbietbar sein – an Langeweile. Prahlt nur, ihr *University Wits*. Die klugen Köpfe Englands kommen längst nicht mehr aus Oxford und Cambridge. – – – Doch still. Was rede ich? Schwor ich nicht, zu schweigen? Ja, hier *(Hält seinen Kopf mit beiden Händen.)*, tief in diesen Ball ist alles eingegraben. Beim Leben meiner Mutter und der Jungfrau – ich tu's, was immer auch geschehen mag. *(Schaut auf ein Emblem, das einen weinenden Hirsch zeigt.)* O armes Land, das seine Kinder jagt. O Cicero Englands, was tat man euch an? *(Verfällt eine Zeitlang in sich zusammengesunken in tiefe Depression. – Nachdem der Anfall vorüber ist, richtet sich Shakespeare – seine Kräfte sammelnd – resolut, voller Entschlossenheit und Tatkraft auf. Er greift erneut nach dem Marloweschen Manuskript, in dem er längere Zeit liest.)* ›Hero und Leander‹ – das ist gut, ziemlich gewagt, aber verflixt gut. Erstaunlich Marlowe, dass ihr die Zensur und die Folgen nicht gescheut habt. Ich bewundere euren Mut und beneide euch um eure Kunst, ihr gottloser Genius. Doch ich, William Shakespeare aus Stratford, nehme es mit euch auf. Ich muß ins Geschäft kommen. Ich muss euch alle mit euren eigenen Waffen schlagen. Was sind schon die Wellen des Hellespont und die Liebe von Hero und Leander angesichts der Wogen

der Leidenschaft einer liebestollen Göttin, die einen Jüngling jagt? Ja, das ist es. So steige ich ein. Das ist unverfänglich. *(Fährt plötzlich auf.)* Der Auftritt! *(Greift nach Mantel und Degen und eilt davon. Er galoppiert in Richtung City. Vor ihm liegt das Tor Bishopsgate, durch das er hindurchreitet. Einen nördlichen Bogen um St. Paul's schlagend, verlässt er die Stadt im Westen durch das Ludgate Tor, um über Fleet Street und The Strand nach Whitehall zu gelangen.)*

III

Am Hof zu Whitehall. Festlichkeiten, Bankette, Präsentation einer frühen Shakespeare-Komödie (Ausschnitt) – im Anschluss daran: Vorspiel der neuen Hofdame Elizabeth Vernon auf dem Virginal

(Vernon begeistert mit ihrem Spiel das Publikum. Sie ist – zum Ärger der übrigen Hofdamen – nun auch nach der neuesten Mode gekleidet und trägt eine kurze blonde Lockenperücke, die reizvoll mit ihren großen dunklen Augen kontrastiert. Sie steht im Mittelpunkt des Geschehens. – Shakespeare, der sich als Spielleiter unter den Schauspielern befindet, steht schräg hinter ihr. Er kann sich von ihrem Anblick nicht lösen. Seine Augen verfolgen die flinken, grazilen Bewegungen ihrer Finger. Er gibt sich, von Glücksgefühlen überwältigt, den Klängen ihrer Musik hin.

Nach dem Spiel erfolgt nicht enden wollender Applaus – auch von den Hofdamen, wenngleich mit leicht verbissenen Gesichtern. Vernon steht auf, verneigt sich und schickt sich an, den Saal zu verlassen – nach einem formvollendeten Hofknicks vor der Königin, die ihr ein freundliches und wohlwollendes Lächeln schenkt. Sie wirft Essex, der in silbriges Weiß, die Lieblingsfarbe der Königin, gehüllt ist, einen leicht triumphierenden Seitenblick zu, den dieser erwidert. – Vernons weit ausgestelltes Kleid verhakt sich plötzlich an dem Requisit eines Schauspielers. Sie beugt sich vor, um nachzusehen, was passiert ist. Shakespeare springt ihr zu Hilfe, beugt sich gleichfalls leicht vor und befreit sie. Ihre Augen treffen sich. Man spürt das Gewicht der Begegnung. Vernon senkt den Blick.)

VERNON

(Ihre Augen wieder aufschlagend und Shakespeare, der wie gebannt dasteht, ansehend.) Danke, Master Marlowe!

SHAKESPEARE

Shakespeare, William Shakespeare aus Stratford in Warwickshire …

VERNON

(Lächelnd.) Habt Dank, Master Shakespeare. *(Schreitet davon, von den Anwesenden bewundert. Shakespeare steht wie benommen da.)*

IV

Zwei Stunden später

Shoreditch – Shakespeares Unterkunft

Shakespeare geht in seinem Zimmer auf und ab. Er ist stark erregt und geht schließlich zu seinem Schreibpult. Er schiebt die letzten fertiggestellten Seiten des Manuskripts ›Venus and Adonis‹ achtlos beiseite, nimmt ein leeres Blatt und beginnt gleichsam automatisch zu dichten. Bevor er die Zeilen niederschreibt, spricht er sie laut.)

SHAKESPEARE

›Wie oft, wann du, Musik mir, musizierest,
Wann unter lieben Fingern hochbeglückt‹

(Pause. Spricht die nächsten vier Zeilen laut.)

›Das Holz sich regt und tönt, und du regierest
Der Saiten Wohllaut, der mein Ohr berückt;
Wie oft beneid ich dann die flinken Tasten!
Wie springen sie und küssen dir die Hand,‹

(Überlegt und seufzt verhalten.)

›Ach, meine Lippen stehn dabei und fasten,
Ob solcher Keckheit schamrot, festgebannt.‹

(Pause. Denkt nach.) Das verflixte dritte Quartett (Trommelt mit den Fingern auf seinem Schreibpult.) Warum nicht erst das Schlussreimpaar?

(Die Verse scheinen ihm bereits auf der Zunge zu liegen. Er spricht sie lächelnd und leicht entrückt.)

›Wenn kleine Klötzchen denn so schwelgen müssen,
Lass sie die Finger, mich die Lippen küssen.‹

(Verfasst nun auch das dritte Quartett.)

›Um solches Streicheln tauschten sie getrost
Rang, Los und Stand mit jener Tänzersippe;
Denn seliger, von Fingern so liebkost,
Ist totes Holz als die lebend'ge Lippe.‹

(Shakespeare geht den Text noch einmal sorgfältig durch, ist sichtlich zufrieden mit dem Resultat und macht eine saubere Abschrift, die er zusammenfaltet und versiegelt. Er weckt den Theaterpagen Luke, der im selben Haus unter dem Dach logiert.)

SHAKESPEARE
Wie tief und engelsgleich er schläft. Ich kann ihn nicht aus dem Schlaf reißen. Und doch muss ichs tun. *(Weckt den Jungen sanft.)*

LUKE *(Noch im Halbschlaf.)*
Der Klang. Es ist etwas nicht in Ordnung. Schrille Mißtöne.

SHAKESPEARE
Könntest du für mich nach Whitehall reiten, Junge, und der neuen Hofdame Elizabeth Vernon dieses Blatt überbringen? Ich werde dir später alles vergelten und, Luke, ich werde gut zu dir sein. Achte auf jede ihrer Reaktionen und berichte mir alles. *(Luke kleidet sich rasch an und reitet so schnell er kann auf Shakespeares Pferd zum Hof nach Whitehall.)*

V

Eine Stunde später. Whitehall

(Vernon, die sich wieder unter die Feiernden gemischt hat und von Lady Rich in ein Gespräch verwickelt wird, erhält Shakespeares Brief. Sie ist neugierig und zieht sich unter dem Vorwand zurück, sie fühle sich nicht wohl. Lady Rich schaut ihr nach und kennt den wahren Grund des Verschwindens ihrer Cousine. Vernon, in ihrem Gemach angelangt, öffnet den Umschlag, beobachtet von Shakespeares Boten. Sie zittert leicht, während sie das an sie gerichtete Liebessonett Shakespeares mehrere Male überfliegt. Sie drückt es, den Namen seines Autors liebevoll in den Mund nehmend, an sich. Der Bote schleicht sich davon. Er galoppiert wie vom Teufel besessen in Richtung Ludgate, wo ihn die Nachtwache aufzuhalten droht.)

LUKE *(auf sie zu galoppierend und rufend.)*
(Laut.) Auf Befehl *(leise.)* Amors – – – und *(laut.)* im Auftrag der Königin *(leise.)* der Herzen – – – lasst mich passieren *(galoppiert durch das Tor an der staunenden Wache vorbei, die nichts unternimmt. Reitet an St. Paul's vorbei in Richtung Bishopsgate, wo er auch diese Wache in derselben Weise überlistet.)*

VI

Wiederum eine Stunde später. Shakespeares Unterkunft in Shoreditch

(Während Shakespeare voller Spannung die Rückkehr des Jungen erwartet, wird er selber von Freunden bedrängt, die Nacht zu durchzechen und in Gesellschaft von Kurtisanen zu verbringen. Er lehnt ab unter dem Vorwand, dass er Schmerzen habe. Die Freunde ziehen lärmend ab. Im Hintergrund das Geräusch des herangaloppierenden Pagen. Shakespeare läuft ihm aufgeregt entgegen, lässt sich die Nachrichten ins Ohr flüstern. Er flüstert zurück. Beide gehen kurz in sein Zimmer und reiten dann – Shakespeare, verkleidet als Captain der Infanterie, und der Page als Gefangener – nach Bishopsgate.)

SHAKESPEARE *(als Captain)*
(Laut und energisch.) Im Auftrag Ihrer Majestät – ein Spion und Verräter für das Gatehouse-Gefängnis von Westminster. *(Man öffnet das Tor und verlangt die Papiere. Der Page reißt sich von der Kette los und verschwindet in dunklen Seitengassen, gefolgt von den Wachen, die jedoch nach erfolgloser Suche in der Umgebung von Bishopsgate bald zu ihrem Posten zurückkehren. Shakespeare dankt der Wache und gibt vor, den Spion nun selber zu suchen. Er gibt seinem laut wiehernden Pferd die Sporen, trifft sich mit Luke an der Außenkanzel der St. Pauls Kathedrale und eilt dann – erneut mit dem Pagen als Gefangenen – nach Ludgate, wo er sich mit demselben Trick den Durchgang verschafft. In Whitehall angekommen, beobachtet der Page den Eingang des Palasts aus einiger Entfernung und gibt Shakespeare mittels Zeichensprache grünes Licht. Der Dichter überwindet die hohe Mauer und klettert an den Quadern des Hauptgebäudes zum ersten Stock empor. Er steht nun vor dem Gemach Vernons, erblickt sie im Kerzenlicht und erkennt, wie sehr sie innerlich bewegt ist. Er sieht, wie sie eine weitere Kerze anzündet, nach dem beschriebenen Blatt greift und das Sonett immer und immer wieder liest.)*

VII

In Vernons Gemach

(Shakespeare hat inzwischen den Raum betreten und sich hinter einem Arras-Teppich versteckt. Er steckt seinen Kopf vorsichtig heraus und lauscht gebannt der erneuten Rezitation.)

VERNON

…
Denn seliger, von Fingern so liebkost,
Ist totes Holz als die lebend'ge Lippe.

›Wenn kleine Klötzchen denn so schwelgen müssen‹

(Nach diesem Satz tritt Shakespeare hervor und vollendet den Satz:)

SHAKESPEARE

›Lass sie die Finger, mich die Lippen küssen.‹ *(Umarmt sie leidenschaftlich und streift mit seinen Lippen ihren Mund.)*

VIII

Essex House – ein Jahr später

(Lady Rich und Elizabeth Vernon in ihren Privatgemächern.)

VERNON

(Abwesend und verträumt, in sich hineinlächelnd, glücklich. Dann verteidigend:) Liebe Cousine, das versteht ihr nicht. *(Lady Rich lächelt vielsagend.)* Er ist so einfühlsam, so liebevoll, er trägt mich auf Händen und schreibt mir Sonette. Oft neckt er mich auch mit ihnen und spricht von meinen Augen, die nicht dem hellen Licht der Sonne glichen, von meinen Lippen, die nicht das Rot der Koralle hätten und *(verschämt.)* von meinen Brüsten, die nicht weiß wie Schnee seien. Von meinen Haaren behauptete er gar, sie seien wie schwarze Drähte. Wir haben beide schrecklich lachen müssen. Manchmal droht er mir auch. Er droht, schlecht von mir zu sprechen, wenn ich ihm meine Liebe entziehe. Er macht sich zuweilen auch lustig über meine Stimme, die ihm nicht wie Musik erscheint, oder über meinen Gang, der ihm nicht wie der einer Göttin erscheint. Ich weiß, dass er mich damit nur aufzieht. Das, was er wirklich empfindet, versteckt er in scheinbar unbedeutenden Nebensätzen. *(Zitiert.)* ›Thou art the fairest and most precious jewel.‹ Ach, liebe Cousine, ich langweile euch mit meinen Geschichten *(Lady Rich gibt zu verstehen, dass dies ganz und gar nicht der Fall ist.)*, aber ich bin so erfüllt davon. In seiner Gegenwart fühle ich mich wie eine Göttin. Er schwört, dass kein anderer Mensch ihm jemals so viel bedeutet habe. *(Schwärmerisch.)* Er ist ein so wunderbarer Mensch. Er ist …

LADY RICH

(Ernüchternd.) Er ist verheiratet, liebe Cousine. *(Vernon zuckt zusammen und nimmt die weiteren Ausführungen Lady Richs nicht mehr wahr.)* Alle wissen es, nur ihr nicht. Zudem schreibt euer Shakespeare auch Sonette für seinen hochwohlgeborenen gräflichen Freund, Southampton. Seit er dem Grafen sein schlüpfriges Versepos ›Venus and Adonis‹ wid-

mete, was der junge Tunichtgut – wie an der Klatschbörse Whitehall gehandelt – sehr zu goutieren wusste, scheinen beide unzertrennlich.

VERNON

Das alles ist nicht wahr. Er kann nicht verheiratet sein. Sag, dass es nicht wahr ist. Ihr treibt ein böses Spiel mit mir.

LADY RICH

Es ist wahr. Er hat eine Frau und drei Kinder – irgendwo in Warwickshire, ich glaube in Stratford. *(Vernon treten die Tränen in die Augen. Sie lässt sich von ihrer Cousine trösten.)*

VERNON

(Verzweifelt.) Aber was soll ich denn nur tun?

LADY RICH

Weitermachen, dummes Kind. Denkt immer dran: Solche Liebessonette kann euch nur unser englischer Ovid schreiben. Nur er kann euch unsterblich machen. So was lässt man sich nicht entgehen. *(Beiseite.)* Ich weiß, wovon ich spreche. *(Wieder zu Vernon.)* Aber macht es ihm nicht zu einfach. Lasst ihn leiden. Macht ihn eifersüchtig. Kränkt ihn, wenn nötig. Mag er auch der größte unserer Dichter sein, mag ihm das Publikum im Theater auch zu Füßen liegen, mag man ihn feiern und umjubeln und sich – zu allem Überfluss – auch noch sein Bildnis an die Wand hängen, er ist doch nur ein Bürgersohn aus der Provinz. Ihr aber seid die Cousine des mächtigsten Mannes im Lande, der – so Gott will – *(sich vorsichtig umschauend und leiser.)* dereinst noch höher steigen könnte. Ja, verletzt ihn, diesen Shakespeare, zahlt ihm alle Erniedrigungen heim, die die Männer uns Frauen bereiten. Erst beten sie uns an, besingen uns in ihren Versen – *(abwesend und leise beiseite.)* oh Sidney, wie lange ist das alles her? –, *(laut.)* dann machen sie uns zu ihren Geliebten und Huren und drehen uns Bastarde an. Nur wenn wir Glück haben, machen sie uns zu ehrbaren Ehefrauen und Müttern. In jedem Fall aber weisen *sie* uns die Rollen zu, die *wir* zu spielen haben. Sie schnitzen uns nach *ihren* Wünschen zurecht und interessieren sich – ihr erlaubt, dass ich es so krass beim Namen nenne – einen feuchten Kehricht um *unsere* Bedürfnisse.

IX

Whitehall, November 1595

(Es ist der 17. November, der Jahrestag der Thronbesteigung Elisabeths I. Bei Hofe finden ausgedehnte Festlichkeiten statt. Unter den prominenten Höflingen befindet sich erstmals Henry Wriothesley, der dritte Graf von Southampton, Shakespeares Patron.)

1. HOFDAME
Umwerfend, sieht er aus, der junge Graf mit seinen zweiundzwanzig Jahren und in seiner festlichen Robe. Er könnte sich die Mädchen reihenweise an den Ärmel stecken. *(Southampton hält seinen Federhelm im linken Arm und streicht sich mit der rechten Hand die langen blonden Locken aus dem Gesicht. Seine grau-blauen Augen blitzen hell auf, wenn er den Blick erhebt. Er ähnelt altersmässig der Miniatur Nicholas Hilliards.)*

2. HOFDAME
Seht nur, sie *(gemeint ist die Königin.)* verschlingt ihn ja nachgerade mit ihren Blicken, *(leise.)* [illegible] alte Krähe. Jetzt will sie ihn auch noch sprechen, um ihm noch näher sein zu kommen. Frühlingsgefühle mitten im Herbst. *(Southampton wird zu verstehen gegeben, dass die Monarchin seine Gesellschaft wünscht.)*

KÖNIGIN ELISABETH I.
(Freundlich und mit lauter, würdevoller Stimme.) Mylord, ihr seid das Ebenbild eures tapferen Vaters und Großvaters, die sich um England verdient gemacht haben. Ich hoffe, dass ihr unserem Land ebenso große Dienste erweisen werdet wie sie. *(Die Hofdamen und Höflinge lauschen den Worten der Königin neugierig und gespannt.)*

1. HÖFLING
(Leise.) Hört, hört. Der Großvater half Heinrich VIII. die Klöster zu zerschlagen und wurde dafür mit dem Grafentitel belohnt.

2. HÖFLING *(flüsternd und zugleich schwärmend.)*
Und mit Reichtümern, von denen wir, die Nachgeborenen, nur noch träumen können.

3. HÖFLING *(mit gierig glänzenden Augen.)*
Man stelle sich vor: Klostereigentum in unermesslicher Fülle. Er brauchte nur zuzugreifen.

1. HÖFLING
(Tuschelnd.) Der junge Graf hat – wie man hört – Ambitionen, aus Titchfield Abbey ein zweites Urbino zu machen. Er versammelt Dichter und Künstler um sich und soll sich sogar einen italienischen Gelehrten als Hauslehrer halten. Er liebt eben das Schöngeistige …

2. HÖFLING
(Weiter im Flüsterton, wobei er kaum die Lippen bewegt.) Vor allem aber liebt er – wie man sieht *(Southamptons Blick fällt und ruht auf Elizabeth Vernon.)* – die Frauen, die ihm scharenweise nachlaufen sollen. Die alte Bess wird das ganz und gar nicht amüsieren.

KÖNIGIN ELISABETH I
(Sehr wohlwollend und gönnerhaft.) Euer Ziehvater Lord Burghley hat mir viel von euch erzählt. *(Burghley, hinter der Königin stehend, hört dies mit sichtlichem Wohlgefallen.)* Wir wären erfreut, euch fortan häufiger an unserem Hofe zu sehen. Doch erzählt mir von Cambridge, Mylord. *(Southampton ist damit beschäftigt, Blickkontakt mit Elizabeth Vernon aufzunehmen, und reagiert auf die Aufforderung der Monarchin daher mit einiger Verzögerung.)* Man sagt ihr seid sehr bibliophil … *(Southampton reagiert praktisch nicht. Er hat nur noch Augen für Vernon. Die Königin, die ihre Verstimmung bis dahin kaschiert hatte, zieht nun die Augenbrauen hoch und ihr Gesicht verdüstert sich. Sie ist sichtlich verärgert. Southampton bemerkt dies nicht, da er Vernon keine Sekunde lang aus den Augen lässt und ihr mit Blicken offen den Hof macht. Shakespeare verfolgt das Geschehen aus dem Hintergrund mit wachsender Eifersucht. Er beobachtet, wie Vernon angesichts solcher Hofierung verlegen lächelt und dann leicht errötet. Er sieht, wie*

sie sich anschickt, den Saal zu verlassen, und Southampton ihr folgen möchte, aber von Burghley daran gehindert wird.)

BURGHLEY

(Versucht, die Situation zu retten, und blickt den jungen Grafen mit strenger Miene an. Auf diese Weise zwingt er ihn zu bleiben. In überaus zuvorkommendem Ton zur Königin:) Mylord hat sich in Cambridge besonders hervorgetan, Majestät.

KÖNIGIN ELISABETH I.

(Scharf.) So wie er es gerade auch tut? *(Ärgerlich zischend.)* Halten Sie mich nicht zum Narren, Burghley. *(Gibt mit einer Handbewegung zu verstehen, dass Southampton sich entfernen möge.)*

X

Einige Wochen später – Wenige Tage vor Weihnachten – Newgate Street, vor dem Stadttor von Newgate

(Eine große Menschenmenge begleitet den Zug eines zum Tode verurteilten katholischen Priesters zur Hinrichtungsstätte nach Tyburn. Der mit einem Büßerhemd bekleidete, gefesselte Verurteilte wird mit einem Strick um den Hals auf einer hölzernen Bahre, deren hinteres Ende laut ratternd über das Pflaster schleift, durch die Straßen der City of London gezogen. Es herrscht – bis auf das Rattern der Bahre – betretene Stille. Einem der Zuschauer, der zu der üblichen Beschimpfung von Hochverrätern auf dem Weg zur Hinrichtung ansetzt, werden von den Umstehenden – verdeckt – heftige Rippenstöße versetzt.)

ZUSCHAUER

(Laut rufend.) Seht den Hochverräter! Nieder mit allen Pap … *(Man stößt ihn so hart, dass er abrupt verstummt.*

(Zahlreiche Menschen am Straßenrand bekreuzigen sich beim Anblick des Priesters, andere, die ihn auf seinem Weg begleiten, haben die Köpfe gesenkt und scheinen zu beten. Die Helfer des hoch zu Pferde reitenden Sheriffs betrachten dies mit Unmut. Dem Zug folgt eine große vierspännige Kutsche mit dem Wappen des Königs von Frankreich. Hinter dem Seitenfenster erkennt man Seine Excellenz, den französischen Botschafter. Auf der Nordseite von Newgate Street, unmittelbar an der Kreuzung von Warwick Lane, steht Shakespeare in der Menge. Hinter ihm ragen die mächtigen Klostermauern von Christ Church auf, des ehemaligen Franziskaner Klosters nördlich von Newgate. Der Zug kommt plötzlich zum Stillstand. Shakespeare sieht sich dem Verurteilten unmittelbar gegenüber und schaut in das völlig ausgezehrte und ausgemergelte Gesicht des Priesters und in seine tief eingesunkenen Augen. Er erschrickt. Sein Gesicht drückt Entsetzen aus. Wie im Trancezustand greift er nach seiner Wasserflasche und gibt dem Priester zu trinken. Als er ihm ganz nahe ist, spürt er seinen heißen, kurzen Atem und sieht, dass der Blick des Verurteilten beständig und von eigentümlicher Klarheit ist. Er gießt ihm vorsichtig Wasser in den Mund und benetzt später

sein Gesicht und seine Haare. Der Priester beginnt, ihm etwas zuzuflüstern. Shakespeare erbleicht. Die Augen des Verurteilten sind fest auf ihn gerichtet. Der Zug setzt sich wieder in Bewegung. Shakespeare bleibt wie angewurzelt stehen. Ein Hilfssheriff, der die Szene beobachtet hat, kommt auf ihn zu.)

HILFSSHERIFF

Was sagte euch dieser Verräter? *(Shakespeare stellt sich abwesend.)* Es dauert nicht mehr lange, dann wird er seine gerechte Strafe erhalten, hört ihr. Man hängt ihn, aber nur kurz, schneidet ihn – möglichst noch lebend – herunter, reißt ihm die Gedärme heraus und vierteilt ihn anschließend – jedem zur Warnung, der sich mit dem Papistengeschmeiß einlässt. *(Shakespeare schweigt. Der Hilfssheriff sieht ihn durchdringend an.)* Ihr könntet einer von ihnen sein. Hab ich euch nicht kürzlich in Blackfriars, dem Papistennest, gesehen? Ihr seid verhaftet. *(Schickt sich an Shakespeare gefangen zu nehmen.)*

SHAKESPEARE

(Sehr ruhig und sachlich.) Ihr müsst euch irren, Sheriff. *(Der Hilfssheriff fühlt sich ob dieser Anrede geschmeichelt.)* Ich bin völlig fremd hier. Und glaubt mir, Sheriff, ich kannte diesen Menschen nicht. Ich gab ihm etwas Wasser. Das kann doch nicht verboten sein. *(Ungezwungen.)* Ihr könntet übrigens auch eine Stärkung gebrauchen. Darf ich euch etwas Ale anbieten? Eure Arbeit muss sehr anstrengend sein. *(Der Hilfssheriff ist verdutzt. Er schaut Shakespeare misstrauisch an. Entscheidet sich dann aber, nichts gegen ihn zu unternehmen.)*

HILFSSHERIFF

(Nun eilig, weil er Zug wieder einholen muss.) Ich habe euch gewarnt Master …

SHAKESPEARE

(Ihm freundlich nachrufend.) More, Sheriff, Master Thomas More, aus Warwickshire. *(Bleibt nach der überstandenen Gefahr regungslos stehen. Plötzlich eine Stimme hinter ihm.)*

EIN FREMDER

Das Petrus-Syndrom, Master Shakeshaft, das Petrus-Syndrom. Es ist bald sechzehnhundert Jahre alt und – wie man sieht – kein bißchen veraltet. *(Shakespeare dreht sich erschreckt um.)*

SHAKESPEARE

Wer seid ihr? *(Schaut den Fremden prüfend an.)*

DER FREMDE

Das ist im Augenblick unwichtig. Aber wenn ihr es wissen wollt: ein Arbeiter. Wir sind arme Elende, gejagt und verwundet. *(Shakespeare hat bei diesen Worten das Bild vom verwundeten und weinenden Hirsch vor Augen.)* Die Arbeit im Weinberg ist beschwerlich. Wir brauchen dringend Hilfe. Ihr habt es geschworen, Master Shakeshaft. *(Shakespeare zuckt zusammen.)* Lancashire. Erinnert ihr euch? Es ist lange her, Master Shakeshaft. Meldet euch, wenn ihr das Petrus-Syndrom überwunden habt. *(Der Fremde verschwindet ebenso plötzlich wie er gekommen ist. Shakespeare bekreuzigt sich. Überquert Newgate Street, geht eiligen Schrittes die Warwick Lane entlang, stößt auf Ludgate Street, lässt das Tor rechts liegen, überquert die verkehrsreiche Straße und wendet sich dann nach links, um wenige Meter weiter rechts in die Creed Lane einzubiegen. Dort verschwindet er auf der rechten Straßenseite in einem versteckten Seiteneingang von Blackfriars, dem Territorium des ehemaligen Dominikanerklosters zwischen Ludgate und Themse.)*

XI

Whitehall – Anfang 1596

(Southampton und Vernon sind seit ihrer bekannt gewordenen Affäre häufig intim. Sie werden dabei bei Hofe gleichsam auf Schritt und Tritt beobachtet. Auch Shakespeare bleibt dies nicht verborgen. Er hört den Hofklatsch aus nächster Nähe und leidet. Seine Eifersucht ist grenzenlos. Die ungenierte heftige Liebesbeziehung des Paars wird als Skandal und zugleich als Provokation empfunden. Die Königin ist empört und lässt beiden durch Burghley eine scharfe Rüge erteilen.)

KÖNIGIN ELISABETH I.

Sie wagen es, *(zu Burghley.)* sagt ihr, sich meinen Anordnungen zu widersetzen?

BURGHLEY

Euer Majestät, ich bin nicht sicher, ob man die Gerüchte wirklich ernst nehmen kann.

KÖNIGIN ELISABETH I.

(Wütend.) Nicht ernst nehmen, mein Lieber? *(Noch heftiger.)* Sie wurden wiederholt in verschiedenen Teilen meines Palasts in enger Umarmung gesehen. Weiß der Himmel in welchem Landgasthaus sie abgestiegen sind, als sie sich gestern vom Hof entfernten. *(Nun unkontrolliert.)* Ich dulde solche Intimitäten nicht. Macht ihnen das klar, Burghley, und, Burghley, erteilt beiden eine heftige Rüge und droht auch mit Schlimmerem. Ihr wisst schon. Auf jeden Fall aber kontrolliert sie und setzt notfalls unsere bewährten Spitzel auf sie an. Was stand noch in Willoughbys Bericht? Mein Gedächtnis lässt mich in letzter Zeit häufiger im Stich. Schrieb er nicht, außer Southampton habe er noch einen anderen Mann bei unserer kleinen Vernon gesehen? Lasst das überprüfen. Zieht notfalls auch Essex hinzu. Ich habe den Ärger, den eure beiden Schützlinge machen, gründlich satt und wünsche, dass damit endlich Schluss ist. Ich habe Wichtigeres zu tun,

als den Wachhund zu spielen und für Anstand und Moral an meinem Hof zu sorgen.

BURGHLEY

(Sanft drängend.) Ein Wort noch, Majestät.

KÖNIGIN ELISABETH I.

Worte, Worte, Worte! Wenn ihr mir so kommt, Burghley, weiß ich, dass ihr mir lange Vorträge halten wollt. Habt ihr etwa meine Parole vergessen? ›Mehr Inhalt, wen'ger Kunst‹, Burghley. Morgen mein Lieber, morgen höre ich, was ihr noch zu sagen habt. Doch Burghley: Fasst euch kurz.

XII

Shoreditch – Einige Tage später – Shakespeares Unterkunft – Nach einer Aufführung im ›Theatre‹

SHAKESPEARE

(Sich abschminkend. Im Selbstgespräch.) Er begehrt sie, weil ich sie begehre. *(Zum Handeln entschlossen.)* Das ewige Zaudern. *(Versucht zu scherzen.)* Eigentlich sollte ich mir angenehmere Rollen für mich selber ausdenken. *(Resolut.)* Doch Spaß beiseite. Die Sache duldet keinen Aufschub. Ich muss es tun. Wozu noch einen weiteren Beweis? *(Überlegend.)* Und doch: Doppelt abgesichert, ist besser. Ich werde ihm eine weitere Falle stellen. Sie wird mir die Gewissheit bringen. *(Erneut zögernd.)* Wie sagte doch die Königin zu Burghley? *(Mit tiefer Stimme die Königin imitierend.)* ›Nicht ernstnehmen, mein Lieber?‹ *(Dann mit deutlich höherer Stimme.)* ›Sie wurden wiederholt ... in enger Umarmung gesehen.‹ *(Angestrengt nachdenkend.)* Erwähnte sie nicht auch einen Landgasthof und, dass sie solche Intimitäten nicht dulde? Das ist Beweis genug! Wozu noch eine Mausefalle. Ich fordere ihn heraus. Ich stelle ihn. Er soll mir Rede und Antwort stehen. *(Geht zum Schreibpult, greift zur Feder und schreibt.)*

›Vorlautes Veilchen ...‹ – ›vorlautes Veilchen‹, das ist gut und nicht zu aggressiv. *(Schreibt die Verse rasch nieder.)*

›Vorlautes Veilchen, schelt ich euch.
Wo, süßer Dieb, stahlst du den süßen Duft,
Wenn nicht von meiner Liebsten Atem?‹

(Es klopft heftig an die Tür. Der Theaterpage Luke stürzt herein.)

LUKE

(Aufgeregt.) Master Shakespeare, Master Shakespeare, ihr müsst sofort ins Theater kommen. Es ist dringend.

SHAKESPEARE

Was gibt's denn Luke?

LUKE

Die Schauspieler wollten noch ein paar Szenen aus ›Heinrich IV‹ proben, aber Falstaff war stinkbesoffen und hat Mistress Quickly in den Ausschnitt gegriffen.

SHAKESPEARE

Ich verstehe nicht, da konnte doch gar nichts passieren.

LUKE

Doch, doch, denn dort hatte sie ihr Geld versteckt, auf jeder Seite eine prall gefüllte Börse. Falstaff hat ihr beide herausgerissen und ist dann wie ein Wahnsinniger davongerannt, laut schreiend: ›Zwei auf einen Streich! Zwei auf einen Streich, ich habe die Pilger von Canterbury überfallen, und zwei auf einen Streich erwischt.‹ Pistol rannte mit gezogener Pistole hinter ihm her, feuerte einen Schuss in die Luft und Falstaff fiel wie tot zu Boden. Die Münzen flogen in hohem Bogen in den Matsch und versanken. Ihr müsst kommen, Master Shakespeare, sonst gibt es noch Mord und Totschlag. *(Shakespeare hat bereits sein Wams übergezogen und greift nach Dolch und Degen. Verlässt eilig mit Luke das Zimmer. Während des Herausgehens.)* Ich bin nicht sicher, ob Falstaff sich bei dem Sturz nicht ernstlich verletzt hat. Er sah sehr komisch aus, als er so dalag.

SHAKESPEARE

Um Himmels willen! Er darf nicht auch noch ausfallen. Ich kann doch nicht alle Rollen selber spielen.

XIII

Elizabeth Vernons Gemach im Palast von Whitehall – Frühsommer 1596

(Shakespeare und Vernon liegen unbekleidet auf dem Bett und streiten.)

SHAKESPEARE

(Aufgebracht.) Verlangt nicht von mir, das Unrecht, das ihr mir antut, auch noch zu rechtfertigen! *(Vorwurfsvoll.)* Ihr habt alle eure Schwüre gebrochen. *(Fasst sich an den Kopf.)* Wie konnte ich euch jemals Glauben schenken. *(Heftig.)* Euer Inneres ist schwarz wie die Nacht. Ihr seid verlogen und grausam.

VERNON

(Gleichfalls stark erregt.) Grausam seid doch wohl ihr. Ihr, ein Ehebrecher, verlangt von mir, euch Treue zu schwören! Ihr seid verheiratet, *(distanzierend.)* Master Shakespeare, und brecht euer eheliches Gelübde mit mir so oft ihr nur könnt! Ihr sprecht von *meiner* Schuld?

SHAKESPEARE

(Gemäßigter und besonnener.) Es ist richtig, ich bin nicht frei und, glaubt mir, das quält mich. Wenn ich mit euch schlafe, bin ich mir des großen Unrechts immer und immer wieder bewusst. *(Verzweifelt.)* Aber ich kann nicht von euch lassen, Elizabeth. *(Umarmt sie leidenschaftlich.)* Bleibt bei mir, *(bettelnd.)* verlasst mich nicht – *(dann unerwartet.)* auch wenn ihr mich hinter meinem Rücken mit meinem besten Freund betrügt. Das tut ihr doch, Elizabeth?

VERNON

(Ausweichend.) Ich schwöre, …

SHAKESPEARE

(Wie elektrisiert.) O schwört nicht, Liebste, sagt nur: ›Es ist nicht wahr‹, auch wenn es wahr ist. Ich will, ich muss euch glauben. *(Zieht sie an sich und bedeckt ihr Gesicht mit Küssen.)*

VERNON

(Sichtlich bewegt.) O, William …

SHAKESPEARE

(Nimmt Vernons Kopf in seine Hände, zieht ihn nahe an sich heran und schaut ihr tief und lange in die Augen.) Treibt nicht euer Spiel mit mir, ich flehe euch an. Ihr seid für mich der liebste Mensch auf dieser Erde. Wenn ihr mich verlasst, kommt das Chaos zurück, ich meine die unaufhörliche Ruhelosigkeit, die sich wie ein bösartiges Geschwür ausbreitet und alles Gesunde zerfrisst. Ich fürchte mich, Elizabeth.

VERNON

(Zärtlich.) Ich verlasse euch nie, William.

(Sie lieben sich. – Plötzliches Klopfen. Shakespeare zieht die Bettdecke über den Kopf. Vernon, aufrecht sitzend, streift rasch ihr Nachthemd über. Eine Hofdame tritt ein.)

1. HOFDAME

Die Königin wünscht euch zu sprechen, Elizabeth Vernon. Ich rate euch, schnellstens zu erscheinen. Sie hat Informationen über euch erhalten und ist außer sich.

VERNON

(Freundlich und besänftigend.) Sagt ihrer Majestät bitte, dass ich unpässlich war und bereits geschlafen habe, mich aber schnellstens ankleide und zu ihr eile.

(Die Hofdame entfernt sich. Vernon streift sich rasch ihr Oberkleid über, zieht leichte Seidenschuhe an und stürzt zur Tür hinaus. Shakespeare lugt vorsichtig unter der Decke hervor. Als er glaubt, allein zu sein, richtet er sich auf.)

SHAKESPEARE

(Erleichtert.) Das war knapp. *(Er streckt sich kurz, um sich dann entspannt zurückfallen zu lassen. Dann ein kurzes Klopfen und die 1. Hofdame steht in der Tür.)*

1. HOFDAME

(Während des Eintretens.) Ich vergaß, auszurichten … *(erblickt Shakespeare auf dem Bett.)* o, Verzeihung, *(peinlich berührt.)* ich wusste nicht …

SHAKESPEARE

(Geistesgegenwärtig.) Ich auch nicht und daher *(legt den Finger auf den Mund.)* Pssst!!! Das ist in solchen Fällen das beste und schafft erfahrungsgemäß keine Probleme.

1. HOFDAME

(Angesichts des entwaffnenden Tons sichtlich erleichtert.) Ich glaube, ihr habt recht, Master …

SHAKESPEARE

Pssssst!!!! *(Lächelt sie freundlich und unbefangen an. Die 1. Hofdame ist entwaffnet, erwidert das Lächeln und zieht sich diskret zurück.)*

XIV

Das ›Theatre‹ in Shoreditch – 11. August 1596

(Die Chamberlain's Men proben Szenen aus dem ›Kaufmann von Venedig‹. Belmont. Auf der Bühne: die beiden jugendlichen Darsteller von Lanzelot und Jessica. Sie proben ohne Kostüme in ihrer Alltagskleidung.)

LANZELOT

›Denn seht Ihr, die Sünden der Väter sollen an den Kindern heimgesucht werden; darum glaubt mir, ich bin besorgt für euch. … Ich denke ihr seid verdammt …‹

JESSICA

(Laut aufschreiend.) Das ist nicht wahr. Ihr lügt.

LANZELOT

Was regt ihr euch so auf? Das ist der Text. Und redet mir gefälligst nicht immer dazwischen. *(Greift den Text wieder auf.)* ›Ich denke ihr seid verdammt. Es ist nur *eine* Hoffnung dabei, … so eine Art Bastardhoffnung.‹

JESSICA

(Ungläubig und den Text erneut auf sich beziehend.) Und welche Hoffnung ist das?

LANZELOT

›Ei, ihr könnt gewissermaßen hoffen, dass euer Vater euch nicht erzeugt hat, …‹

JESSICA

(Bricht in Tränen aus.) Wie könnt ihr so was sagen! Es ist gemein. Ich spiele nicht mehr mit. *(Verlässt erregt die Bühne.)*

LANZELOT

Es hat keinen Sinn Freunde, er packts nicht. Warten wir, bis Master Shakespeare zurückkommt.

BURBAGE

(Betritt in der Aufmachung des Shylock die Bühne. Mit trauriger Stimme:) Ich fürchte, da müssen wir noch lange warten. Master Shakespeare, Freunde, wird so schnell nicht wieder zurückkommen. *(Längere Pause.)* Heute wird in Stratford sein einziger Sohn beerdigt. *(Betretenes Schweigen. Burbage wendet sich ab, um seine Tränen zu verbergen. Leise:)* Er war erst elf. *(Eingeblendet wird der Trauerzug in Stratford. Es läutet die Totenglocke. Anne und William Shakespeare mit ihren Töchtern Susanna und Judith, John und Mary Shakespeare, Shakespeares Eltern, seine Geschwister, Judith und Hamnet Sadler, die Paten der Zwillinge, sowie ein langer Zug von Trauernden. – Sie alle folgen dem Sarg zum Kirchhof von Holy Trinity Church, wo das Grab ausgehoben wurde und nun die Beerdigungsriten stattfinden.)*

XV

In einem Seitenflügel des Palasts von Whitehall – Ende 1597

(Southampton und Elizabeth Vernon treffen sich heimlich, umarmen und küssen sich.)

SOUTHAMPTON

Ich habe eine gute und eine schlechte Nachricht, Liebste. Welche mögt ihr zuerst hören?

VERNON

(Schlagfertig.) Am liebsten nur die gute.

SOUTHAMPTON

Nun gut. Was würde meine süße kleine Elizabeth *(nimmt sie in den Arm.)* davon halten, wenn ich meine Mutter, die Dowager Countess, um ihre Zustimmung zu unserer Hochzeit bäte?

VERNON

(Vollends überrascht und hoch beglückt.) O Henry, das ist ja wunderbar *(fällt ihm um den Hals.)*.

SOUTHAMPTON

(Sich umsehend.) Vorsichtig, vorsichtig, meine Liebe, hier haben die Wände nicht nur Ohren, sondern auch Augen. Burghleys Spitzel sind uns auf den Versen. Wir wollen uns doch nicht schon wieder Ärger mit Bess einhandeln.

VERNON

Ihr habt recht, wir dürfen nicht erneut ins Gerede kommen. Aber sagt, ist das euer voller Ernst? Möchtet ihr wirklich, dass wir heiraten?

SOUTHAMPTON

Es ist mein voller Ernst. Ich habe keine Lust, mir noch einmal von den Cecils eine Braut aussuchen zu lassen. Der Ausstieg aus der

Verbindung, die Burghley für mich vorgesehen hatte, kostete mich ein Vermögen. Ich mochte ihn ja, *(liebevoll.)* den alten Schwätzer. Er hat sehr viel für mich getan. Aber ich wollte mich nicht von ihm verheiraten lassen. Passt auf, mein Plan steht fest: Wir heiraten noch vor meiner Abreise …

VERNON
(Erschrocken.) Sagtet ihr Abreise?

SOUTHAMPTON
Ach ja, ihr kennt ja die zweite Nachricht noch nicht. Dies ist sie. Ich schließe mich im Februar einer diplomatischen Delegation an, die nach Paris entsandt und von Robert Cecil angeführt wird. Es ist schon alles mit Cecil besprochen. *(Vernons Miene verdunkelt sich.)* Anschließend bleibe ich zwei Jahre auf dem Kontinent, um mich zu bilden und meinen Horizont zu erweitern. *(Vernon bekundet sichtliches Unbehagen. Southampton aber redet weiter, ohne dies zur Kenntnis zu nehmen.)* Das ganze geht aber nur, wenn Bess ihre Zustimmung erteilt. Und das dürfte schwierig werden.

VERNON
(Sichtlich enttäuscht.) Wenn ich euch richtig verstehe, wollt ihr mich heiraten, um dann getrennt von mir zu sein? *(Verhalten protestierend.)* Diese Idee finde ich gar nicht so gut.

SOUTHAMPTON
(Versucht sie zu überzeugen und umzustimmen.) Aber Elizabeth, Liebste, es ist meine einzige Chance, hier herauszukommen. Die Königin ist mir nicht wohl gesonnen. Meine längere Abwesenheit könnte das Verhältnis wieder in Ordnung bringen.

VERNON
(Verstimmt.) Ich verstehe. Die Heirat soll also so etwas wie ein Trostpflaster sein?

SOUTHAMPTON

(Redet auf sie ein.) Versteht doch, Elizabeth, …

(Man hört Stimmen. Das Paar gibt sich Zeichen. Man verschwindet in entgegengesetzte Richtungen.)

XVI

Whitehall – Schlafgemach Elizabeth Vernons – Einige Wochen später

(Shakespeare in Vernons Schlafgemach, auf dem Bett liegend, Vernon sitzt auf einem Stuhl in einer Ecke des Zimmers. Sie streiten, stark gestikulierend. Shakespeare, von der Geliebten psychisch und physisch abhängig, ist außer sich, leidet unter Entzugsängsten, weil er erkannt hat, dass er aus der Dreierbeziehung bereits ausgegrenzt wurde. In seiner Verzweiflung schmäht und beschimpft er die Geliebte, fleht sie aber zugleich an, ihn nicht zu verlassen. Alles dies wird größtenteils bereits pantomimisch vermittelt.)

SHAKESPEARE

(Stark erregt.) Es ist verrückt! Ihr leugnet nun, dass ich euch liebe! Was ist das für ein böses Spiel! Hab ich nicht sklavisch ausgeführt, was ihr mich hießet und mich dabei so tief erniedrigt, dass ich mein eignes Selbst vergaß? Jetzt könnt ihr mich nicht mehr gebrauchen und hasst mich gar für das, was ich euch gab. *(Sinnierend, dann gequält auflachend.)* Ist's Wahnsinn auch, so hat es doch Methode! Längst habt ihr euch mit meinem Freund verschworen gegen mich und redet über mich und meinen Stand. Das solltest ihr nicht tun, denn das ist böse und zeigt mir, wie ihr wirklich seid. *(Voller Enttäuschung.)* Ich habe mich in euch getäuscht. Ein liebliches Gesicht, darunter Fäulnis. *(Dann melancholisch.)* O, welche Macht, gab euch die Macht, so über mich zu herrschen? *(Bestimmend.)* Ich hätte Grund, gerechten Grund, euch künftig nur zu hassen. Doch kann ichs nicht. Wie heißt das Zaubermittel, das ihr einsetzt, um meinen Hass in Liebe umzumünzen?

(Vernon, die sieht, wie sehr Shakespeare leidet, hat Mitleid mit ihm und sucht ihn zu trösten. Sie begibt sich hinter das Bett, beugt sich vor und legt ihre Hände auf Shakespeares Stirn und Schläfen. Er lässt es lange geschehen, nimmt dann ihre Hände in seine Hände und küsst ihre Innenseite.)

SHAKESPEARE

Wenn ihr nur bei mir seid, Elizabeth, dann ist alles gut, doch allein in meinem Zimmer in Shoreditch, das ist die Hölle. Ahnend, nein wissend, dass ihr mich verlassen werdet, drohe ich wahnsinnig zu werden. In meiner Verzweiflung beginne ich dann zu dichten. *(Knöpft zwei Knöpfe seines Wamses auf, zieht ein Blatt hervor mit einem Sonett und reicht es ihr.)*

VERNON

(Liest laut.)
›Mein Lieben ist ein Fieber, es begehrt
Nur was die Krankheit fristet; all sein Sehnen
Geht auf den Zunder, der das Übel nährt,
Dem kranken, launenhaften Reiz zu frönen.‹

SHAKESPEARE

(Nimmt ihr das Blatt aus der Hand und liest weiter.)
›Vernunft, mein Liebesarzt, weil ich verschmäht,
Was er mir riet, hat mürrisch mich verlassen.
Und hoffnungslos erkenn ich nur zu spät
Die Mördertriebe, die den Zügel hassen.
Unheilbar bin ich, nun Vernunft zerstoben,
In ew'ger Unruh ein Besessener.‹

Ja, es ist wahr, ich bin ein Besessener, besessen von euch, *(traurig.)* die ihr mich nun wegschickt. *(Resignierend.)* Und ich mit meiner ganzen Kunst kann nichts dagegen tun. *(Dann ergreift er mit beiden Händen Vernons rechte Hand.)* Ihr wisst ich mißtraue Schwüren. *(Vertraulich.)* Doch eines, Elizabeth, müsst ihr mir schwören: Wenn immer ihr in Not seid und leidet, lasst es mich wissen und erlaubt mir, euch beizustehen.

VERNON

(Gerührt und den Tränen nahe, wissend, dass dies ein Abschied ist.) Ich schwöre es. *(Shakespeare geht rasch zum Fenster und verschwindet. Vernon blickt ihm mit Wehmut nach.)*

XVII

Ein Tennisplatz beim Palast von Whitehall – Anfang Januar 1598

(Konfrontation zwischen dem Höfling Willoughby und Southampton. Willoughby hat Bemerkungen lanciert, denen zufolge Southampton nicht der einzige Mann im Leben der Elizabeth Vernon ist. Southampton stellt ihn zur Rede und verlangt eine Entschuldigung. Willoughby weigert sich. Es kommt zu Handgreiflichkeiten. Die Königin erfährt von dem Streit und steht auf Seiten Willoughbys. Sie rächt sich, indem sie Southampton die Ausreiseerlaubnis vorenthält.)

SOUTHAMPTON
(Zu Willoughby. Ironisch.) Ah, der eifrige Reporter. Was habt ihr denn heute berichtet?

WILLOUGHBY
(Unangenehm berührt.) Ich verstehe nicht, Mylord.

SOUTHAMPTON
Ah, ihr versteht nicht, könnt euch nicht erinnern. Das geht vielen Spitzeln so, wenn sie durch ihre ehrenwerte Arbeit schweren Schaden gestiftet haben.

WILLOUGHBY
(Sichtlich verlegen. Versucht, Southampton aus dem Weg zu gehen und zu verschwinden.) Entschuldigt, ich habe eine Verabredung.

SOUTHAMPTON
(Hindert ihn zu gehen.) Halt, halt, mein Freund *(Hält ihn von hinten am Mantel fest)*. Wir haben noch etwas zu bereden.

WILLOUGHBY
(Zornig.) Lasst meinen Mantel los.

SOUTHAMPTON
(Zieht, während Willoughby weitergeht.) Nicht so schnell, Willoughby. Was ließet ihr doch der Königin überbringen?

WILLOUGHBY
(Verängstigt.) Ich kann mich nicht erinnern, Mylord.

SOUTHAMPTON
(Ihn loslassend, seinen Degen ziehend und ihn zum Duell fordernd.) Soll ich eurer Erinnerung nachhelfen?

WILLOUGHBY
(Furchtsam.) Ich schlage mich nicht mit euch. Die Königin hat Duelle bei Hofe verboten.

SOUTHAMPTON
Auch gut. *(Wirft seinen Degen weg, geht auf Willoughby zu und versetzt ihm eine kräftige Ohrfeige.)* Das ist für die üble Nachrede. Merkt euch, bei meiner Braut ist kein anderer Mann im Spiel.

(Willoughby sammelt all seine Kraft und springt Southampton nun wutentbrannt an. Er reißt ihm ein Büschel Locken vom Kopf. Southampton streckt seinen Gegner daraufhin mit einem Faustschlag zu Boden. Der Streit wird entdeckt.)

WACHE
Auseinander! Im Namen der Königin. *(Southampton und Willoughby werden gewaltsam auseinandergebracht.)* Wer hat den Streit begonnen?

WILLOUGHBY
(Ängstlich.) Ich kam gerade vom Tennis Court, als mich Mylord aufs Unfreundlichste ansprach und mich beleidigte. *(Southampton nimmt eine arrogante Haltung ein und äußert sich nicht.)*

1. HÖFLING
Das kann ich bezeugen. Ich habe es aus einiger Entfernung beobachtet.

WACHE

Damit wäre der Fall ja klar. *(Southampton antwortet mit einem höhnischen Lächeln.)* Ich werde der Königin Bericht erstatten. *(Geht ab.)*

WILLOUGHBY

(Hat nun Oberwasser. Hämisch.) Gute Reise, Mylord. Die Genehmigung werdet ihr unter diesen Umständen wohl kaum erhalten.

XVIII

In einem Seitenflügel des Palasts von Whitehall – Mitte Januar 1598

(Southampton und Vernon heftig diskutierend. Vernon beginnt zu weinen und wendet sich ab.)

SOUTHAMPTON

(Heftig.) Ihr habt mich belogen und hintergangen. *(Verärgert.)* Es ist gar nicht aus zwischen euch und Shakespeare. Die Spatzen pfeifen es von den Dächern. Willoughby macht nicht nur spitze Bemerkungen, er reibt es der Königin ein, sooft er nur kann. Zum Glück hat er noch keinen Namen genannt.

VERNON

(Ihre Tränen zurückhaltend.) Ich habe euch nicht belogen, Henry. Ich habe schon lange Schluss gemacht. Ich liebe nur euch. Ich habe ihm den Laufpass gegeben. Aber er lässt mir keine Ruhe. Er stellt mir nach, und er spricht schlecht von mir. Ich weiß nicht, was ich tun soll. Ich bin so verzweifelt. *(Lässt ihren Tränen nun freien Lauf.)*

SOUTHAMPTON

(Hat Mitleid mit ihr. Nimmt sie in den Arm.) Ich glaube euch, Elizabeth, und ich liebe euch auch. Aber unter diesen Umständen können wir nicht heiraten. *(Vernon bricht wiederum in Tränen aus. Southampton versucht, sie zu beruhigen.)* Man würde uns zu sehr verletzten. Lassen wir doch Gras über die Sache wachsen. Wenn ich zurückkomme, sieht die Welt sicherlich ganz anders aus.

VERNON

(Aufgelöst und verzweifelt. Ihre Augen sind stark gerötet. Sie schneuzt sich und versucht, ihr Gesicht zu verbergen.) Ich muss gehen. Ich werde im Ankleidezimmer erwartet. Majestät ist höchst ungehalten. *(Sie weint erneut.)* Warum mache ich nur alles falsch?

SOUTHAMPTON
(Zieht sie an sich.) Lebt wohl, Liebste. Seid nicht traurig. Ich stecke euch eine Nachricht zu, sobald ich Näheres über die Reise weiß. *(Vernon geht eilig davon.)*

XIX

Southampton House – Bloomsbury – 9. Februar 1598 – Abschiedsfeierlichkeiten

(Am 6. Februar, vier Tage vor der Abreise, erteilte die Königin Southampton schließlich die Erlaubnis, Robert Cecils Delegation nach Paris zu begleiten. Am 9. Februar, dem Tag vor der Aufbruch nach Frankreich, veranstaltet der Graf ein rauschendes Abschiedfest und unterhält Cecil und die Mitglieder seiner Delegation mit Theateraufführungen und Banketten. Auch Vernon ist anwesend. Sie fühlt sich durch die Aufschiebung der Hochzeit und Southamptons Abreise gekränkt, lässt sich dies aber nicht anmerken. Es herrscht heiteres Treiben. Die Gäste goutieren erlesene Speisen und Getränke und führen anregende Gespräche, bei denen viel gelacht wird. Sie lassen sich anschließend durch die Schauspieler der Chamberlain's Men unterhalten, die Szenen aus Shakespeares Komödien spielen. Shakespeare selber ist gleichfalls anwesend. Unter einem Vorwand verlässt er die Festlichkeiten vorzeitig. Angesichts der Abreise am folgenden Tag endet das Fest bereits gegen Mitternacht. Die Gäste verlassen das Haus. Southampton und Vernon ziehen sich in die Privatgemächer zurück. Sie schlafen miteinander. Von den Anstrengungen der vergangenen Tage erschöpft, verfällt Southampton rasch in tiefen Schlaf. Vernon liegt neben ihm. Ihre Augen sind geöffnet. Sie weint.)

XX

Shoreditch – Im ›Theatre‹ – 11. Februar 1598

(Man probt Szenen aus Shakespeares Historie ›Heinrich IV.‹ Angedeutet wird der Schauplatz: die Schenke ›Zum wilden Schweinskopf‹. Shakespeare spielt Falstaff und wird vom Thronfolger, Prinz Hal, aufgefordert, den König, seinen Vater, zu mimen.)

PRINZ HAL
›Stellt ihr meinen Vater vor, und befragt mich über meinen Lebenswandel.‹

SHAKESPEARE *(als Falstaff in der Rolle des Königs)*
(Hat ein Kissen vor den Bauch gebunden, um die vorgeschriebene Leibesfülle Falstaffs zu erreichen.) ›Soll ich? topp! – Dieser Armstuhl soll mein Thron sein, dieser Dolch mein Zepter, und dies Kissen meine Krone.‹ – ›Gebt mir ein Glas Sekt, damit meine Augen rot aussehen; man muss denken, dass ich geweint habe … denn ich muss es mit bewegtem Gemüt sprechen …‹.

PRINZ HAL
›Gut! so mache ich meine Reverenz.‹

SHAKESPEARE *(als Falstaff in der Rolle des Königs)*
›Und so halte ich meine Rede – Tretet beiseite, ihr Großen.‹

MISTRESS QUICKLY
›O Jesu! Das ist ein prächtiger Spaß, …‹

SHAKESPEARE *(als Falstaff in der Rolle des Königs)*
›Weint, holde Fürstin, nicht! …‹

MISTRESS QUICKLY
›O Jemine, was er sich für ein Ansehn gibt!‹

SHAKESPEARE *(als Falstaff in der Rolle des Königs)*
›Still, gute Bierkanne! still, Frau Schnaps! – Heinrich, ich wundere mich nicht bloß darüber, wo ihr eure Zeit verbringt, sondern auch in welcher Gesellschaft ihr lebt. … Dass ihr mein Sohn seid, dafür habe ich teils eurer Mutter Wort, teils meine eigene Meinung; … Soll aber der Sohn Englands ein Dieb werden und Beutel schneiden? Eine wohl aufzuwerfende Frage. … Und doch gibt es einen tugendhaften Mann, den ich oft in eurer Gesellschaft bemerkt habe, aber ich weiß seinen Namen nicht.‹

PRINZ HAL
›Was für eine Art von Mann, Majestät?‹

SHAKESPEARE *(als Falstaff in der Rolle des Königs)*
›Ein wackerer stattlicher Mann, in der Tat, und wohlbeleibt; er hat einen heiteren Blick, einnehmende Augen und ein sehr edles Wesen, und ich denke, er ist so in den Fünfzigern, … und jetzt fällt es mir ein: sein Name ist Falstaff. … Heinrich, ich sehe Tugend in seinen Blicken. Wenn denn der Baum an den Früchten erkannt wird, … so muss Tugend in diesem Falstaff sein. Zu ihm halte dich, die andern verbanne.‹ *(Verfällt nun in einen gewöhnlichen Umgangston.)* Und nun, ihr Tagedieb und Tunichtgut, will ich endlich wissen, wo ihr euch die Nächte um die Ohren schlagt.

PRINZ HAL
›Sprecht ihr wie ein König? Spielt ihr meine Rolle, und ich will meinen Vater vorstellen.‹

(Shakespeare wird eine Nachricht überbracht. Er macht ein Handzeichen. Die Proben werden für kurze Zeit unterbrochen. Shakespeare erbricht das Siegel, zieht sich in einen Winkel des Theaters zurück, liest.)

›Elizabeth Vernon ist tief unglücklich. Sie weint sich die Augen aus und bedarf dringend des Trostes. Ein Freund.‹

(Schließt die Augen, lächelt und tanzt dann wild umher.) Das ist eine neue Chance. *(Zu den Schauspielern.)* Schluss für heute. Wir machen morgen weiter. *(Bleibt im Falstaff-Kostüm und reitet wie besessen davon.)*

XXI

Vor dem Fenster von Vernons Gemach im Palast von Whitehall

(Shakespeare, noch als Falstaff verkleidet, beobachtet, wie Vernon verzweifelt auf- und abgeht und sich dann weinend auf ihr Bett wirft. Sie flüstert – zunächst unverständlich – dann jedoch deutlich vernehmbar.)

VERNON

›Ich Narr des Schicksals‹, ›ich Narr des Schicksals‹, ich armer Narr des Schicksals. O, Shakespeare, wie kommt es, dass ihr uns eure Worte immer wieder in den Mund legt. *(Shakespeare lauscht angespannt, hört jedoch nichts mehr. Doch sieht er, wie Vernon aufsteht, eine Truhe aufschließt, ein verschnürtes Päckchen beschrifteter Blätter hervorholt und beginnt, es aufzuschnüren. Er erkennt seine eigene Handschrift. Es sind seine frühen Sonette. Vernon beginnt einzelne Stellen zu rezitieren:)*

›Wie oft, wann du, Musik mir, musizierest,
Wann unter lieben Fingern hochbeglückt‹
...

(Seufzend.) Wie lange ist das alles her? Die Zeit schreitet gnadenlos weiter, auch dann wenn wir sie am liebsten zurückdrehen möchten, um noch einmal von vorn anfangen und alles anders machen zu können. Wie glücklich war ich damals ... *(zitiert erneut.)*

›Wenn kleine Klötzchen denn so schwelgen müssen‹

(Shakespeare springt nun ins Zimmer und vollendet – wie beim ersten Mal – das Schlussreimpaar.)

›Lass sie die Finger, mich die Lippen küssen.‹

VERNON

(Überrascht, vor Freude weinend.) O, William, William.

SHAKESPEARE

(Tröstet sie, spricht sanft und leise, streichelt sie. Sie sinken sich in die Arme. Er bedeckt ihr Gesicht mit Küssen. Sie lieben sich immer wieder. Er verlässt sie erst bei Tagesanbruch.)

XXII

Nach einigen Monaten

(Shakespeare und Vernon verbringen jede freie Minute miteinander. Sie fahren, um nicht gesehen zu werden, häufig aufs Land. Die Beziehung ist ausgesprochen harmonisch. Vernon erhält Briefe von Southampton aus Paris, die sie sorgfältig und liebevoll beantwortet. Ihre Liebe aber gehört Shakespeare.)

XXIII

Essex House – In den Privatgemächern der Lady Rich – Mitte Juni 1598

(Man sieht, wie Vernon und Lady Rich lange und heftig gestikulierend miteinander sprechen. Die Länge des Gesprächs wie auch die Gestikulation zeigen, dass es sich um ein wichtiges Thema zu handeln scheint. Vernon steht auf, stützt ihren linken Arm in die Hüfte. Man sieht erste äußere Anzeichen ihrer Schwangerschaft.)

LADY RICH

Im November und ihr sagt, er weiß es?

VERNON

Er weiß immer alles, liebe Cousine. Ich kann ihm nichts verheimlichen. Er freut sich auf das Kind. Es ist alles so schön zwischen uns.

LADY RICH

Damit wird es bald vorbei sein, wenn die Königin von eurem Zustand erfährt. *(Angestrengt nachdenkend.)* Wir brauchen einen Plan, Elizabeth. Aber vorher müsst ihr mir offen erzählen, was im Februar vorgefallen ist. *(Fängt im Geiste an zu rechnen.)* Wann war die Abreise genau?

VERNON

Am 10., am 10. Februar, und in der Nacht vor der Abfahrt … *(Flüstert Lady Rich etwas ins Ohr.)*

LADY RICH

Das hört sich gut an. Damit kann man was anfangen. *(Bohrend.)* Und wann kam euer Falstaff wieder ins Bild?

VERNON

(Ängstlich.) Was habt ihr vor, Cousine?

LADY RICH
(Beharrlich.) War es nur wenig später?

VERNON
(Mit leichter Schamröte. Sie versucht ihr Handeln zu entschuldigen.) Ich war so unglücklich und er hat mich getröstet.

LADY RICH
(Nüchtern.) Wann?

VERNON
(Verschämt.) Am nächsten Tag.

LADY RICH
Gut, das ist sehr gut. Das reicht. *(Überlegt noch einmal, dann voller Entschlossenheit:)* Ihr müsst es Southampton unterschieben.

VERNON
Aber das wäre eine faule und gemeine Lüge, Cousine.

LADY RICH
Nur eine kleine Notlüge mein Kind, die für euer Kind das Beste ist. Im übrigen habt ihr ohnehin keine andere Wahl. Die Sache ist ernst und sie eilt. Ich gebe euch den guten Rat: Vergesst euren Shakespeare. Er ist bereits verheiratet und ihr wisst es. Ganz davon abgesehen, dass man sich einen Grafen, der jung, reich und schön ist, nicht entgehen lässt. Ihr hättet ihn doch vor wenigen Monaten auch geheiratet. Wo ist denn da der Unterschied? Jetzt geschieht es eben unter Druck.

VERNON
Wie ihr redet, Cousine. Shakespeare ist der Vater. Es ist sein Kind.

LADY RICH
Das *wisst* nur ihr. Er kann es nur ahnen, und ich habe es schon wieder vergessen.

VERNON

Ich komme mir schäbig vor dabei.

LADY RICH

Das vergeht mit der Zeit. – *(Heftig.)* Wollt ihr etwa einen Bastard zur Welt bringen? Wollt ihr euer Leben in Armut und Schande verbringen? Es kann nicht mehr lange dauern, bis der Hof weiß, was los ist. Die alte Bess ist in diesen Dingen gnadenlos. Sie wird euch verbannen.

VERNON

(Verängstigt.) Was ratet ihr mir, Cousine?

LADY RICH

So ist es gut, mein Kind. – Schreibt eurem Grafen erfreut, dass die Folgen eures Zusammenseins sich nicht mehr verbergen lassen. *(Überlegt.)* Nein, nein, das ist nicht gut. Wartet noch. Schreibt ihm nicht – noch nicht. Wir brauchen erst den Skandal. – Verseht euren Dienst wie immer und wartet, was passiert.

XXIV

Am Hof zu Whitehall – Auf dem Tennisplatz – Ende Juni 1598

(Zwei Höflinge spielen Tennis. Andere schauen dem Spiel zu und tauschen gleichzeitig die neuesten Nachrichten aus. Weiter zurückstehend eine Gruppe von Hofdamen.)

1. HÖFLING

(Zu den anderen.) Ihr könnt euch nicht vorstellen, wie wütend sie wurde, als ich aufzog und meinte, sie täusche die Schwangerschaft mit einem Kissen nur vor. *(Gelächter.)* ›Von wegen *foul play*‹, sagte sie, ›das könnte euch so passen, damit ihr euch noch mehr die Mäuler über mich zerreißt. Diesen Gefallen kann ich euch leider nicht tun‹. Dann richtete sie sich stolz auf, stützte den rechten Arm in die Hüfte, und sagte: ›Der Graf von Southampton wird dafür geradestehen.‹

2. HÖFLING

Sie sagte wirklich ›Der Graf von Southampton wird dafür geradestehen‹? Wie interessant!

3. HÖFLING

Sie hat also nicht gesagt ›Der Graf von Southampton ist der Vater‹?

1. HÖFLING

Nein, hat sie nicht.

2. HÖFLING

(Sich vor Vergnügen die Hände reibend.) Dann ist ja doch noch einiges offen. Freunde, das sportliche Spiel geht weiter. *(Gelächter.)*

3. HÖFLING

So richtig spannend aber wird es, wenn Bess es erfährt. *(Macht eine Geste, mit der er die Reaktion der Königin imitiert.)*

4. HÖFLING

Diesen Leckerbissen, Freunde, sollten wir uns nach Möglichkeit nicht entgehen lassen. *(Allgemeine Zustimmung und schallendes Gelächter.)*

(Die Hofdamen vernehmen das laute Gelächter, horchen kurz auf und stecken dann erneut die Köpfe zusammen.)

1. HOFDAME

(Nachdrücklich und bestimmt.) Unverkennbar und nicht mehr länger zu verbergen. *(Mit sichtlichem Genuss.)* Ein solches Schauspiel hatten wir lange nicht mehr.

2. HOFDAME

(Tuschelnd.) Ich ahnte seit längerem, dass mit unserer kleinen Vernon etwas nicht stimmt. Seit Wochen versucht sie, der Königin aus dem Weg zu gehen.

3. HOFDAME

Man muss es ihr schonend beibringen.

4. HOFDAME

Ja, wenn das nur möglich wäre. Aber *wer* sagt es ihr? *(Alle wehren ab.)*

1. HOFDAME

Aber so geht es doch nicht. Wir müssen sie informieren oder wir riskieren ein Gewitter, wie wir es noch nie erlebt haben, und verlieren überdies alle Privilegien.

2. HOFDAME

Würfeln wir doch.

3. HOFDAME

Ich fürchte, das wird das Beste sein.

4. HOFDAME
Also würfeln wir.

(Man würfelt. Das Los trifft die 2. Hofdame, die erschrickt und bleich wird.)

XXV

Whitehall – Zwei Tage später

(Die 1., 3. und 4. Hofdame beobachten aus einiger Entfernung, wie die 2. Hofdame sich nach einer Audienz der Königin untertänig nähert und ihr zu verstehen gibt, dass sie sie dringend zu sprechen wünscht.)

KÖNIGIN ELISABETH I.
(Laut und mit kräftiger Stimme.) Warum schleicht ihr so schuldbewusst um mich herum, meine Liebe?

2. HOFDAME
(Schüchtern, sich dann ein Herz fassend.) Majestät, es gibt etwas, das ihr wissen solltet.

KÖNIGIN ELISABETH I.
(Burschikos.) Nur zu, ich fresse niemanden.

2. HOFDAME
(Verliert plötzlich den Mut.) Majestät, ich weiß nicht …

KÖNIGIN ELISABETH I.
(Energisch und sie anherrschend.) Jetzt redet schon, ich kann nicht bis zum St. Nimmerleinstag warten.

2. HOFDAME
(Aus ihr herausplatzend.) Mistress Vernon bekommt ein Kind.

(Die drei Hofdamen im Hintergrund beobachten, wie die Königin plötzlich anschwillt und ihr die Zornesröte ins Gesicht steigt.)

KÖNIGIN ELISABETH I.
(Unbeherrscht.) Was sagtet ihr? Sie bekommt ein Kind? *(Sie schwillt weiter und ringt nach Luft.)* Schafft sie mir auf der Stelle herbei. *(Die 2. Hofdame eilt davon.)*

(Die drei Hofdamen harren der Dinge, die da kommen. Sie sehen, wie Elizabeth Vernon, begleitet von der 2. Hofdame, sich mit niedergeschlagenen Augen der Königin nähert, auf die Knie sinkt und um Verzeihung bittet. Sie hören die lautstarke Strafpredigt der aufgebrachten Monarchin:)

(Scharf und voller Enttäuschung.) Das nützt euch jetzt auch nichts mehr, Elizabeth Vernon. Ihr habt das Ansehen meines Hofes besudelt.

(Vernon wirkt hilflos und zerstört. Die Tränen stehen ihr in den Augen. Sie macht Anstalten, zu reden. Doch der Anblick der aufgebrachten Königin lässt sie verstummen.)

Ihr verdient es nicht länger, meine Hofdame zu sein. Aus meinen Augen! Ich will euch nicht mehr sehen! Gebärt euren Bastard woanders. Bei Hofe ist kein Platz mehr für euch. *(Verleiht ihren Worten mit einer entsprechenden Handbewegung Nachdruck. Wendet sich von Vernon ab. Zur zweiten Hofdame:)* Ruft mir Lord Burghley! Rasch! *(Vernon hat sich gefaßt. Sie steht auf und verlässt – den Kopf deutlich weniger gesenkt als zuvor – den Saal.)*

XXVI

Whitehall – Vernons Privatgemach – Wenige Minuten später

(Dort wartet Lady Rich. Vernon weint sich bei ihr aus.)

LADY RICH

Nun lasst uns ans Praktische denken, Elizabeth. Packt eure Sachen. Meine Kutsche wartet am Hintereingang. Essex House ist ein viel angenehmerer Ort als der Hof.

VERNON

(Noch immer aufgelöst.) Es war so schrecklich, liebe Cousine. Die Königin kann so grausam sein.

LADY RICH

Darauf hatte ich gesetzt. Durch Milde hätte uns ja das Spiel noch verdorben. Noch heute schreibt ihr dem Grafen, was geschehen ist, dass euer Zusammensein im Februar Folgen hatte und ihr euch erst jetzt in eurer Verzweiflung an ihn wendet. Seid getrost, er wird reagieren.

VERNON

Ihr seid so gut zu mir, Cousine.

XXVII

Am Ufer der Themse – Blackfriars Stairs – Ende Juli 1598

(Shakespeare und Vernon stehen am Ufer der Themse und schauen in den Strom. Im Hintergrund der abgebrochene Turm der alten St. Paul's Cathedral. Auf der gegenüberliegenden Seite Southwark Cathedral, Winchester House sowie die Umrisse von Theatern und Arenen.)

SHAKESPEARE

(Melancholisch.) Seit Ihr nicht mehr am Hof seid, bekomme ich euch kaum noch zu Gesicht. Ihr habt euch verändert, Elizabeth. Aber ihr braucht euch nicht zu ängstigen. Ich sorge für euch und das Kind. Alle Welt soll es wissen, dass ich der Vater eures Kindes bin. Ich werde – nicht weit von hier – ein herrschaftliches Anwesen kaufen am Ufer der Themse – mit einem wunderschönen Garten und einem eigenen Anlegesteg. Dort werden wir zu dritt wohnen. Ihr bekommt die schönsten Kleider, Perlen, Schmuck und …

VERNON

(Unterbricht ihn.) Aber Lady Rich sagt …

SHAKESPEARE

Ach daher weht der Wind. Lady Rich, steckt hinter allem. Ich hätte es mir denken können.

VERNON

Lady Rich sagt, …

SHAKESPEARE

(Verstimmt.) Was sagt eure Lady Rich?

VERNON

(Zögernd.) Sie sagt, es ziemt sich nicht und es sei sündhaft …

SHAKESPEARE
(Nun ärgerlich.) Was sagt sie, ziemt sich nicht?

VERNON
(Nun rasch und direkt.) Mit einem verheirateten Mann zusammenzuleben.

SHAKESPEARE
(Außer sich.) Das sagt also eure Lady Rich. Ausgerechnet Lady Rich! *(Dann sehr wütend.)* Sagt eurer Lady Rich, sie soll sich lieber an ihre eigene Nase fassen. *(Sehr deutlich und distanziert.)* Von jemandem, der selber in ehebrecherischer Beziehung lebt, lasse ich mir keine Vorschriften machen.

VERNON
(Besänftigend.) Aber William, so hat sie es doch nicht gemeint.

SHAKESPEARE
(Kalt.) Ich weiß sehr genau, wie sie es gemeint hat. Lady Rich ist der Meinung, wenn zwei das Gleiche tun, ist es noch lange nicht Dasselbe, vor allem, wenn sie so unterschiedlicher Herkunft sind wie sie und ich.

VERNON
Ich muss jetzt gehen, William. Die Gräfin und Lady Rich machen sich sonst Sorgen um mich.

SHAKESPEARE
(Unterdrückt den boshaften Kommentar, der ihm auf der Zunge liegt und reißt sich statt dessen zusammen. Ergreift liebevoll Vernons Hände.) Wo kann ich euch treffen, Elizabeth? Gibt es eine Möglichkeit in Essex House?

VERNON
In Essex House geht es nicht. Lady Rich *(Shakespeare zuckt bei der Nennung dieses Namens zusammen.)* würde es sofort bemerken.

SHAKESPEARE

(Steht vor ihr, fasst sie mit beiden Händen liebevoll an den Schultern und sucht sie umzustimmen.) Kommt nach Shoreditch, Elizabeth, da sind wir ungestört.

VERNON

Aber ich weiß nicht, ob mir die Kutschfahrt bekommt.

SHAKESPEARE

(Sarkastisch.) Das hat euch bestimmt Lady Rich gesagt. *(Er küsst sie.)* Lebt wohl, Elizabeth. Vielleicht höre ich ja von euch.

VERNON

(Traurig.) Lebt wohl, William.

XXVIII

Essex House – In den Privatgemächern Elizabeth Vernons

(In der Dämmerung. Vernon, von tiefer Melancholie befallen, sitzt am Fenster und schaut auf den Strom. Sie beobachtet die vorrübergleitenden Schiffe mit ihren prall gefüllten Segeln. Es klopft. Lady Rich betritt das Zimmer.)

LADY RICH

(Freudig erregt.) Elizabeth, Elizabeth. Liebste Cousine, hier ist ein Brief für euch aus Paris. *(Beiseite, erleichtert.)* Endlich! Ich habe schon gedacht, er käme nie.

VERNON

Zeigt her. *(Sie öffnet ihn und liest.)* ›Liebste Elizabeth, ich habe – leider mit einiger Verspätung – euren Brief erhalten. Euer Zustand bietet keinen Anlass, traurig zu sein. Im Gegenteil. Es tut mir leid, dass ihr den Zorn der alten Bess allein erdulden musstet und dass sie euch so schändlich behandelt hat. Ich werde alles gutmachen. Ich komme so schnell wie möglich nach London, mein Liebstes, und dann sehen wir weiter. Euer, euch liebender H. W.‹

LADY RICH

(Begeistert.) Besser hätte es gar nicht laufen können, liebe Cousine. Er wird euch heiraten, Elizabeth, ihr werdet dann Gräfin von Southampton sein.

VERNON

(Leicht verwirrt.) Das schreibt er aber nicht und zudem, was wird denn mit Shakespeare?

LADY RICH

(Ihrer Sache sicher.) Das schreibt er zwar nicht, aber ich weiß, dass er es tun wird. Aber er unternimmt nichts ohne den Rat meines Bruders, eures Vetters. Ihn habe ich längst informiert. Er weiß, was er zu sagen hat, wenn Southampton ihn fragt. – Und was euren Falstaff an-

geht, meine Liebe, ihn müsst ihr ab sofort vergessen. Merkt euch: Euer Kind wird das Kind des Grafen von Southampton sein und niemand – auch in tausend Jahren nicht – wird die Wahrheit herausfinden. Es wird seinem Stand entsprechend erzogen werden, und es wird standesgemäß heiraten. Seine Kreise werden sich mit denen der Schauspieler nicht schneiden.

VERNON

(Hilflos.) Mir graut vor alledem. *(In Gedanken zieht die Abschiedsszene an der Themse noch einmal an ihr vorüber. Sie hört noch einmal Shakespeares Worte:)* ›Ich weiß sehr genau, wie sie es gemeint hat. Lady Rich ist der Meinung, wenn zwei das Gleiche tun, ist es noch lange nicht Dasselbe, vor allem, wenn sie so unterschiedlicher Herkunft sind wie sie und ich.‹ *(Leise.)* Entschuldige, William.

LADY RICH

Seid unbesorgt. Ich werde schon alles für euch regeln. *(Vernon antwortet nicht. Sie schaut, wie zu Beginn der Szene, auf den Strom. – – – Plötzlich lautes und rasches Pferdegetrappel.)*

DIE RÜCKBLENDE VERSCHMILZT MIT DER RAHMENHANDLUNG

Ein Bote wird zum Grafen von Essex in der Bibliothek vorgelassen und übergibt ihm einen versiegelten Brief. Essex öffnet ihn. Eine Stimme spricht den Text: ***›Der Hauptgrund meiner Anwesenheit in der Stadt ist, mit eurer Lordschaft zu sprechen. Wenn es euch daher gefällt, mir eine Zeit und einen Ort zu nennen, an dem wir ungestört unter vier Augen sprechen können, so werde ich dort inkognito erscheinen.‹***

XXIX

Shoreditch – Shakespeares Unterkunft – 8. September 1598 – Früher Morgen

(Shakespeare erwacht aus einem langen Schlaf und wirkt ernst, aber entspannt. Er hat ein schmerzhaftes Kapitel seines Lebens abgeschlossen, aus dem er nun gereift hervorgeht. Er zieht die Vorhänge und lässt das Licht einströmen. Er legt sich noch einmal auf sein Bett und murmelt leise vor sich hin. Es sind Verse, die ihm automatisch in den Sinn kommen und die er nun laut spricht.)

So rastlos wie die Schwalbe, so rastlos ist mein Hirn,
Des Unrechts mich erinnernd, beleb' ich es auf's neu;
Ihre gerechten Klagen von arger Grausamkeit,
Sind jene schönen Töne, die Leben mir verleihn.

(Er springt auf, begibt sich eilig zum Schreibpult und schreibt die Verse nieder. Liest sie erneut und ist mit dem Ergebnis zufrieden.)

Ja, genau so. Das ist gut. Jetzt noch das Liebesleid formulieren. *(Er denkt nach, schließt die Augen und sieht den Fremden von Newgate vor sich. Eine Stimme wird eingeblendet:* ›Wir sind arme Elende, gejagt und verwundet.‹ *Eingeblendet wird nun auch das Bild vom verwundeten und weinenden Hirsch, das er damals vor Augen hatte. Das Bild schwindet. Shakespeare sieht nun Gheeraerts vor sich und hört seine Stimme:* ›Ich weiß, dass ihr mich hört. Ich bin euer Freund und ihr wisst es. Nur eines noch: Betrachtet den Schmerz, den man euch zufügte, als Medizin.‹ *Shakespeare schließt noch einmal die Augen. Vor seinem geistigen Auge entstehen Text und Bild. Er setzt erneut zu schreiben an:)*

Den weinenden Hirsch bekränz' ich mit nachdenklichem Sinn.
Die Tränen seiner Trauer sind Ausdruck meiner Sorg'
Doch seine stillen Tränen und mein verborgen Seufzen
Die ganze Medizin sind, die meine Wunden heilt.

Nicht übel, und vor allem bildlich gut umsetzbar. Gheeraerts wird mir dankbar sein. Doch jetzt kommt der schwierigste Teil: das dritte Quartett. Es soll die ganze Wahrheit enthalten – möglichst unverblümt. *(Seine Gedanken kreisen um den Beginn der Beziehung, um das Virginal-Spiel Vernons bei Hofe, das noch einmal eingeblendet wird, und darum, dass er in Vernon nach dem Tod von Hamnet – auch die Beerdigung Hamnets wird eingeblendet – seine ganze Hoffnung gesetzt hatte. Daraufhin fließen ihm die Verse gleichsam wie von selber in die Feder:)*

Der Baum – gepflanzt in Liebe,
Umhegt mit großer Müh' – er war mein einzig Hoffen.
Doch alles war vergeblich, denn jetzt, zu spät, ich seh':
Die Früchte ernten and're, die Schalen nur sind mein.

(Es klopft. Der Maler Marcus Gheeraerts tritt ein.)

GHEERAERTS
Ihr habt unsere Verabredung vergessen, Master Shakespeare.

SHAKESPEARE
(Sieht Gheeraerts zunächst ernst und abwesend an. Als er ihn wahrnimmt, hellt sich seine Miene auf und er begrüßt ihn freundlich.) Ihr könntet nicht gelegener kommen, Master Gheeraerts. Wenn ihr euch noch einen Augenblick geduldet, bin ich fertig. *(Murmelt leise vor sich hin:)* Frucht, Liebesbaum, Tränen, Klage, Musik, Medizin – alles muss noch einmal im Schlussreimpaar vorkommen und zusammenfassend erwähnt werden. Etwa so *(laut.)*:

Musik sei meine Klage, ihr Tränen Medizin,
Wenn dies die ganze Frucht ist, die mein Liebesbaum trägt.

(Schreibt den Zweizeiler nieder und reicht Gheeraerts das Blatt.) Hier ist das Sonett für euer Bild, Master Gheeraerts. Was haltet ihr davon? Wir können gleich an die Arbeit gehen und alles besprechen. Wie weit seid ihr mit dem Porträt der Gräfin?

GHEERAERTS

Zum Glück ist es fertig. Aber es war knapp.

SHAKESPEARE

Wie meint ihr?

GHEERAERTS

Ja, wisst ihr denn nicht, dass die Gräfin von Southampton gestern auf Befehl der Königin ins Gefängnis geworfen wurde?

SHAKESPEARE

(Erstaunt und betroffen.) Ins Gefängnis? Und das in ihrem Zustand?

GHEERAERTS

Ihr hättet die Königin sehen sollen, als man ihr die Nachricht von der heimlichen Trauung überbrachte. Ich war zufällig anwesend und habe es miterlebt. Es geschah am späten Nachmittag – unmittelbar nach einer Audienz mit dem französischen Botschafter. Die Königin war auf dem Weg in ihre Gemächer. Cecil wurde ein Brief zugesteckt. Er öffnete ihn, las ihn und wurde blass. Dann las er ihn noch einmal und schien schwankend. Er überlegte eine Weile und wandte sich dann von hinten an die Königin. Ihr hättet sie sehen sollen. Ich habe sie nie zuvor so erregt und zornig gesehen. Sie lief blutrot an, begann zu toben und rief ›Das ist der absolute Gipfel. Wie können sie es wagen!‹ Nachdem sie sich wieder einigermaßen gefangen hatte, kündigte sie mit sarkastischer Stimme, die mich frösteln ließ, an: ›Ich werde unserer neu gebackenen Gräfin – und zwar sofort – den besten Platz im Fleet-Gefängnis bereitstellen. Dort wird sie reichlich Gelegenheit erhalten, über ihren Ungehorsam gegenüber ihrer Königin nachzudenken.‹

SHAKESPEARE

Aber sie kann doch nicht so hart, gefühllos und rücksichtslos sein. Elizabeth Vernon erwartet in gut acht Wochen ihr Kind. Man muss die Königin dazu bringen, ihren Entschluss rückgängig zu machen.

GHEERAERTS

Das würde alles nur verschlimmern. Wir können nur abwarten, wie Southampton reagieren wird.

SHAKESPEARE

(Ironisch.) Ach ja, der besorgte Ehemann und ›Vater‹ wird schon einen Weg finden.

XXX

Das Fleet-Gefängnis in London – 8. November 1598 – Früher Morgen

(In einer Zelle des Obergeschosses brennt eine Fackel. Man hört zunächst nur laute Schritte und Schlüsselgeklirr, dann das Stöhnen und die Schreie einer Gebärenden.)

LADY RICH

(Der Gräfin von Southampton beistehend, deren Wehen nun mit großer Vehemenz eingesetzt haben und die – schweißgebadet – unter großen Schmerzen ihr Kind gebiert. Flehentlich rufend.) Wächter, habt Erbarmen um Christi willen. Sie braucht dringend eine Hebamme. *(Lauter.)* Hört ihr nicht, schafft eine Hebamme herbei. *(Der Wärter zeigt keinerlei Reaktion. Lady Rich wird sehr ärgerlich und herrscht den Posten nun heftig an.)* Ihr Klotz, ihr Stein, ihr mehr als überflüssige Kreatur, seid ihr taub? Die Gräfin von Southampton und ihr Kind krepieren in diesem miesen Loch! Und ihr schiebt euren Dienst, so als ginge euch das alles nichts an? *(Wiederum keine Reaktion. Lady Rich hält kurz inne und sammelt ihre Kräfte, atmet tief, um dann mit tiefer drohender Stimme und Gebärde fortzufahren:)* So wahr ich Lady Rich und die Schwester des Grafen von Essex bin *(Als der Name Essex fällt, horcht der Wärter auf.)*, werde ich höchst persönlich dafür sorgen, dass man euch auspeitscht, einsperrt, hängt und vierteilt *(Der Wärter bekommt es nun mit der Angst zu tun und macht sich bereit.)*, wenn ihr nicht – auf der Stelle – Hilfe holt. *(Er eilt davon, um Hilfe zu holen. Als er nach geraumer Zeit schließlich mit einem zitternden gebrechlichen alten Wundarzt zurückkommt, hat die Geburt des Kindes längst stattgefunden.)*

LADY RICH

(Sichtlich erleichtert über den guten Ausgang.) Es ist ein Mädchen, liebe Cousine, ein gesundes, prachtvolles, wunderbares Kind, eine Schönheit. *(Vernon lächelt beglückt.)* Ihr müsst euch jetzt ausruhen. Ich versuche herauszufinden, ob der Graf von Southampton bereits

sein Quartier in dieser Nobelherberge bezogen hat. Die alte Bess hat es ihm angedroht für den Fall, dass er seinen Fuß wieder auf englischen Boden setzt. Ihr wisst, dass sie keine leeren Drohungen ausstößt. *(Zum Wärter.)* Erkundigt euch bitte nach dem Grafen von Southampton.

WÄRTER

Jawohl Mylady. *(Geht ab.)*

LADY RICH

Warum nicht gleich so?

VERNON

(Glücklich lächelnd und Lady Richs Hand ergreifend.) Ich danke euch für alles, liebe Cousine. Was hätte ich nur ohne euch tun sollen? Wir werden das Kind nach euch benennen und es auf den Namen Penelope taufen lassen.

(Es klopft. Southampton betritt die Zelle seiner Frau.)

SOUTHAMPTON

(Geht rasch auf seine Frau zu, umarmt, küsst und beglückwünscht sie. Er betrachtet anschließend mit großem Wohlgefallen das Kind.) Wie hübsch es ist. *(Dann deprimiert.)* Entschuldigt Liebste, ich habe alles falsch gemacht. Welch eine Erniedrigung für euch!

VERNON

(Geschwächt und mit sanfter Stimme.) Es ist nicht eure Schuld. *(Humorvoll lächelnd.)* Im übrigen liegt das Kind hier nicht schlechter als in einer Krippe im Stall. Und Lady Rich hat sich rührend um uns gekümmert. Nun wird alles gut. Die alte Katze zeigt uns ihre Krallen – und sie versteht es zu verletzen. Aber sie kann uns nicht ewig einsperren. Wir haben nichts Böses getan. Essex wird uns bald hier herausholen.

XXXI

The Strand in der Nähe von Essex House – Ende Februar 1601

(Eine große Menschenansammlung. Das Volk ist aufgebracht. Es steht noch immer hinter dem Grafen von Essex, dessen Rebellion fehlgeschlagen ist. Essex und Southampton sprengen zusammen mit ihren engsten Mitverschwörern The Strand entlang. Sie sind schwer bewaffnet und flüchten sich nach Essex House, wo sich sie sich verbarrikadieren. Wenig später rücken Regierungstruppen an. Es fallen Schüsse. Man hört Schreie von Frauen. Die Gräfin von Essex, Lady Rich und die Gräfin von Southampton sowie alle Kinder der drei Frauen – die zweijährige Penelope eingeschlossen – kauern in einem Raum der Privatgemächer der Gräfin von Essex. Der Anführer der Regierungstruppen fordert die Verschwörer auf, sich sofort zu ergeben. Essex hat sich ins Haus zurückgezogen. Er ist orientierungslos, wirkt wie gelähmt und ist unfähig, Entscheidungen zu treffen. Southampton springt für ihn ein. Es kommt zu heftigen Wortgefechten mit den Vertretern der Königin, in denen Southampton über sich hinauswächst. Doch die Verschwörer geben schließlich auf, um das Leben ihrer Frauen und Kinder nicht zu gefährden. Sie werden gefangen genommen und abgeführt.)

Im Gerichtssaal – Wenige Tage später

(Essex und Southampton werden gemeinsam wegen Hochverrats angeklagt und zum Tode verurteilt.)

Southampton House – Eine halbe Stunde später

(Ein Bote überbringt der Gräfin von Southampton einen versiegeltes Schreiben. Sie öffnet es und erbleicht. Sie ist für kurze Zeit handlungsunfähig, geht nervös auf und ab und bleibt plötzlich stehen, um wenig später entschlossen zum Schreibpult zu gehen. Sie verfasst einen kurzen Brief und läutet. Ein Page tritt ein.)

ELIZABETH VERNON

(Hektisch und stark erregt, aber voller Entschlossenheit.) Bringt dies schnellstens zum Hof. *(Überlegt.)* Nein, nein, nicht zum Hof. Wartet. Überbringt es Cecil persönlich. Niemand darf euch sehen, hört ihr, niemand. Nehmt den Hintereingang zu seinen Privatgemächern. Er muss den Brief sofort lesen. Hört ihr, sofort, ohne jede Verzögerung.

Whitehall – Am nächsten Tag

(Es herrscht allgemeine Niedergeschlagenheit und ungewöhnliche Stille.)

1. HÖFLING

Ihre Hofdamen sagen, sie verweigert seit Tagen die Nahrung und schläft kaum. Als man ihr das Urteil überbrachte, soll sie sich abgewendet und nach einem Halt gesucht haben.

2. HÖFLING

Essex dauert mich. Einen kräftigen Dämpfer haben wir ihm ja alle gewünscht. *(Leise und um sich schauend.)* Aber den Tod, *(den Kopf schüttelnd.)* den Tod hat er nicht verdient. Und Southampton, mein Gott …

3. HÖFLING

(Kommt rasch auf die anderen Höflinge zu.) Er ist gerettet. Es ist unglaublich, er ist gerettet. Das Todesurteil wurde in lebenslange Haft umgewandelt.

1. HÖFLING

(Ungläubig.) Das kann nicht sein.

3. HÖFLING

(Nachdrücklich.) Doch, doch. Meine Informationen stammen aus erster Hand. Er wird nicht hingerichtet, sondern muss den Rest seines Lebens im Tower verbringen.

2. HÖFLING

(Verwirrt.) Von wem ist denn eigentlich die Rede? Stimmt es wirk-

lich, dass das Todesurteil gegen Essex in eine Haftstrafe umgewandelt wurde?

3. HÖFLING

Nicht das Urteil gegen Essex, sondern gegen Southampton. Die Königin hat es eben bestätigt. Er hatte mächtige Fürsprecher. *(Leise und hinter vorgehaltener Hand.)* Cecil selber soll seine Hand im Spiel gehabt haben. Das Urteil gegen den jungen Grafen, soll er gesagt haben, sei zu hart. Southampton, so soll er argumentiert haben, sei von Essex verführt worden. *(Schaut sich erneut um.)* Wenn ihr mich fragt, so ist unsere kleine Vernon wieder einmal aufs Ganze gegangen und hat genau an den richtigen Fäden gezogen – und so für Southampton das Schlimmste verhindert.

1. HÖFLING

Wenn Southampton den Rest seiner Tage im Tower verbringen muss, ist die Gräfin ja nun eine *(leicht süffisant.)* sehr attraktive Quasi-Witwe.

XXXII

Im Atelier des Malers Marcus Gheeraerts d. J. in Southwark in der Nähe des Globe Theatre – Sommer 1601

(Eine luxuriöse Kutsche mit dem Wappen des Grafen von Southampton fährt vor. Im Hintergrund die Themse und die City of London mit der alten St. Paul's Cathedral. Die Gräfin von Southampton steigt aus. Sie hat offenes, langes schwarzes Haar und trägt das Kleid, in dem sie auf dem Porträt ›Die Gräfin von Southampton bei der Toilette‹ abgebildet ist. Über ihrem rechten Arm liegt zusammengelegt ein mit Hermelin ausgeschlagener Purpurmantel, der ihren gräflichen Status anzeigt. Die Gräfin klopft kurz und betritt das geräumige Atelier, in dem mehrere Malergehilfen tätig sind. Bilder – zumeist Porträts, aber auch Gipsmasken und Büsten – hängen an den Wänden, liegen auf Simsen und auf Tischen, sind an Wände, Stühle und Tischbeine angelehnt und auch auf dem Boden gestapelt. Gheeraerts sitzt mit einer Palette in der linken Hand vor seiner Staffelei. Er führt an dem Toilettenbildnis der Gräfin die letzten Pinselstriche aus. Bei ihrem Eintreten dreht er sich kurz um, grüßt freundlich und gibt ihr mit einer Handbewegung zu verstehen, wo sie noch einmal posieren möge.)

ELIZABETH VERNON

Ich sehe, Master Gheeraerts, dass Ihr sehr gut vorangekommen seid. *(Geht neugierig zur Staffelei und betrachtet das Gemälde mit großem Wohlgefallen.)* Das Bild ist ja praktisch fertig.

GHEERAERTS

Ja Mylady, ich habe ihm absoluten Vorrang eingeräumt. Hier und da noch ein Strich. Eure Toilettenartikel werden noch von einem Gehilfen gemalt. Und – nicht zu vergessen – euer Schoßhündchen werde ich noch persönlich abkonterfeien. Ich glaube, Mylady, es ist ein besonderes, ein interessantes Bild geworden, ein Bild mit einer ganz persönlichen Note.

ELIZABETH VERNON

(Das Gemälde immer wieder betrachtend – mal aus größerem Abstand, mal nahe herangehend.) Ich bin wirklich entzückt, Master Gheeraerts, und mein Mann wird es auch sein. Ich werde das Bild, bevor es nach Southampton House kommt, zum Tower bringen lassen, wo mein Mann es einige Tage bei sich haben wird. *(Sie hört die Glockenschläge von St. Saviour's, zählt mit und erschrickt.)* Mein Gott, der Empfang bei seiner Exzellenz in Blackfriars. *(Begibt sich rasch zur Tür.)* Ich muss leider gehen. Auf Wiedersehen, Master Gheeraerts, und vielen Dank. Ich lasse das Bild in den nächsten Tagen abholen.

GHEERAERTS

(Sie imitierend.) ›Auf Wiedersehen, Master Gheeraerts. Ich lasse das Bild in den nächsten Tagen abholen.‹ Jawohl, Mylady, immer zu Myladys Diensten. *(Winkt seine Gehilfen herbei.)* Ich glaube, wir haben bei diesem Porträt noch etwas Wichtiges vergessen. *(Begibt sich zur Staffelei und malt an den rechten Ärmel der Gräfin das Gesicht Shakespeares, das er jedoch äußerst geschickt kaschiert. Als die Gehilfen erkennen, um wen es sich handelt, brechen sie in schallendes Gelächter aus.)* Ich möchte wetten, dass es niemandem auffallen wird. *(In diesem Moment kommt der Lehrling des Meisters von einem Botengang zurück.)* Ah, unser Benjamin. Komm Junge, ich möchte wissen, wie scharf dein Auge ist. Wenn du Maler werden willst, musst du genau beobachten und Bilder ›lesen‹ können. *(Alle treten etwas zurück, um dem Lehrling den vollen Blick auf das Porträt freizugeben.)*

LEHRLING

(In dieser Situation leicht verwirrt und verunsichert.) Das ist ein wunderbares Bild, Meister, aber ich weiß nicht recht, worauf ihr hinauswollt.

GHEERAERTS

Also gut, ich verrate dir, dass irgendwo auf dem Bild ein Gesicht versteckt ist. Ich gebe dir drei Minuten. Wenn du es in dieser Zeit findest, bekommst du ein Goldstück von mir.

LEHRLING

(Nun sehr motiviert und konzentriert. Seine Augen wandern – scharf blickend – über die Leinwand. Es herrscht absolute Stille. Nach wenigen Sekunden.)

Meint ihr etwa das Gesicht am rechten Ärmel der Gräfin, Meister? Ich frage mich nur, warum ihr ihm die Züge William Shakespeares gegeben habt. Doch auch das kann ich mir zur Not erklären. *(Gheeraerts und die Malergehilfen sind völlig verdutzt.)*

GHEERAERTS

Was habe ich denn da für einen klugen Lehrling! Das war eine starke Leistung, Junge. *(Die Malergehilfen bestätigen dies, indem sie mit den Köpfen nicken.)* Aber jetzt musst du uns sagen, wie du das Gesicht so schnell entdeckt hast.

LEHRLING

(Verschmitzt lächelnd.) Das war doch ganz einfach. An dieser Stelle war die Farbe noch ganz frisch.

XXXIII

London, Silver Street, gegenüber der Kirche von St. Olave's – Vor dem Haus des Putzmachers Mountjoy – Sommer 1609

(Die Kutsche des Grafen von Southampton fährt vor. Elizabeth Vernon, die Gräfin von Southampton, und ihre zehnjährige Tochter Lady Penelope steigen aus. Beide sind sehr vornehm und nach der neusten Mode gekleidet. Die Kutsche fährt in eine Seitenstraße, um zu parken. Der Kutscher macht es sich bequem. Sein Kopf sinkt nach vorn. Er schläft ein. Pantomimisch wird vermittelt, dass Penelope die Mutter nicht in das Haus des Putzmachers begleiten, sondern statt dessen draußen bleiben möchte, um sich die Auslagen der umliegenden Geschäfte anzuschauen. Vernon geht ins Haus. Penelope geht auf der Silver Street auf und ab und betrachtet schließlich sehr interessiert den eleganten und kostbaren, im Schaufenster von Mountjoy dargebotenen Kopfschmuck für Damen der oberen Gesellschaftsschichten. Sie bemerkt nicht, wie zwei zwielichtige, übelriechende Gestalten der Londoner Unterwelt mit verfaulten Zähnen und in abgerissener Kleidung von hinten auf sie zukommen.)

1. GESTALT
(Im Dialekt des Cockney English und sehr nahe von rechts an Penelope herantretend, so dass sie den übelriechenden Atem verspürt.) Wen haben wir den hier? *(Penelope stockt der Atem. Sie erkennt die Gefahr. Verhält sich aber ruhig und gibt ihre Angst nicht zu erkennen.)*

2. GESTALT
(Von der linken Seite dicht an sie herantretend.) Eine junge Lady. Und ganz allein.

1. GESTALT
(Schiebt sich näher an sie heran.) Und wie kostbar Mylady gekleidet ist. Das hat bestimmt ein Vermögen gekostet. *(Betastet den Stoff ihres Kleides.)* Und was für ein hübscher Fächer. Das Teuerste vom Teuren. *(Nimmt ihn ihr ab.)* Der bringt seine fünf Pfund.

2. GESTALT

(Stellt sein rechtes Bein hinter Penelope und kreist sie so vollends ein. Als Penelope sich zu befreien versucht, ergreift die 2. Gestalt brutal ihre Arme und hält sie auf dem Rücken fest. Die 1. Gestalt zieht ein Messer. Beim Anblick des Messers stößt Penelope einen lauten Hilfeschrei aus. Im ersten Obergeschoß des Hauses schreckt Shakespeare von dem Schrei auf, tritt ans Fenster und erkennt die Situation. Er greift nach Dolch und Degen und eilt nach unten, indem er jeweils drei Stufen auf einmal nimmt. Durch den Hilfeschrei einen Moment lang verwirrt, lassen die Männer das Kind los, um zu sehen, was passiert. Da keine unmittelbare Reaktion erfolgt, verfolgen sie Penelope, die versucht, in Mountjoys Haus zu flüchten. Sie ergreifen sie. Ihre Mienen verraten, dass sie sie ausrauben und töten werden. Im selben Augenblick stürzt Shakespeare mit gezogenem Dolch und Degen aus dem Tor.)

SHAKESPEARE

(Setzt einem der Männer die Spitze seines Degens an die Kehle, während er den zweiten mit dem Dolch bedroht.) Loslassen! Sofort loslassen! Oder ihr seid tot! *(Die Männer sehen Shakespeare kurz an, erkennen ihre Lage, verständigen sich durch Blickkontakt, rennen davon und verschwinden in einer Seitengasse.)*

PENELOPE

(Steht unter Schockeinwirkung. Shakespeare steckt Dolch und Degen in die Scheide, geht auf sie zu und legt den Arm um sie.)

SHAKESPEARE

(Mit sanfter Stimme.) Es wird alles gut, Mylady. Alles wird gut. *(Penelope bricht in Tränen aus. Als sie sich wieder gefangen hat, lächelt sie Shakespeare dankbar an.)*

PENELOPE

(Damenhaft.) Ich schulde euch großen Dank, mein Herr. Ihr habt mir das Leben gerettet. Darf ich nach eurem Namen fragen?

SHAKESPEARE

(Sieht Penelope in die Augen und ist verwirrt. Höflich erwidernd.) Meine Name ist Shakespeare, William Shakespeare, aus Stratford in Warwickshire.

PENELOPE

(Reicht ihm die Hand.) Danke, Master Shakespeare, danke. – Oh, da kommt Mutter. Kommt, Master Shakespeare, kommt. Ich stelle euch meiner Mutter vor. *(Sie ergreift Shakespeares Hand und führt ihn zu ihrer Mutter, die eilig auf Penelope zuschreitet.)*

VERNON

(Konsterniert und sichtlich ungehalten über Penelopes Benehmen.) Aber Penelope, was machst du denn da? *(In diesem Augenblick erkennt sie Shakespeare. Ihre Blicke treffen sich. Penelope, die dies trotz ihrer Erregung bemerkt, stutzt einen Augenblick lang. Shakespeare begreift, dass er seiner eigenen Tochter das Leben gerettet hat.)*

PENELOPE

(Aufgeregt erzählend.) Mutter, Mutter, ich war in Lebensgefahr. Zwei Männer wollten mich berauben und töten. Master Shakespeare hat mir das Leben gerettet. Ihr müsst ihn kennenlernen und ihm danken.

SHAKESPEARE

(Höflich und zuvorkommend.) Ich sollte mich Mylady vielleicht selber vorstellen. Mit Verlaub, Mylady, Shakespeare, William Shakespeare aus Stratford in Warwickshire.

VERNON

(Gleichfalls sehr höflich.) Ich freue mich, euch kennenzulernen. Ich schulde euch großen Dank. Ihr habt meine Tochter – wie ich höre – aus großer Gefahr errettet. *(Denkt nach.)* Sagtet ihr, euer Name sei Shakespeare?

SHAKESPEARE

Ja, Mylady. William Shakespeare.

VERNON

Seid ihr etwa identisch mit Master Shakespeare, dem Dramatiker?

SHAKESPEARE

Derselbe, Mylady.

PENELOPE

(Strahlend und außer sich vor Freude.) Ist das wirklich wahr? Ihr seid Master Shakespeare, der die wunderbaren Stücke geschrieben hat? Ich kann es gar nicht glauben. Meine Freunde werden mächtig staunen. Der große William Shakespeare hat mir das Leben gerettet. Ich habe euer Stück ›Romeo und Julia‹ gesehen, Master Shakespeare. Es war so schön, so ergreifend. *(Vernon ist über die Begeisterung und den unaufhaltsamen Redefluss ihrer Tochter nicht erfreut. Sie reagiert leicht ungehalten. Doch Penelope ist fasziniert und redet unaufhörlich weiter.)* An welchem Stück arbeitet ihr gerade, Master Shakespeare?

SHAKESPEARE

Ich werde es ›Das Wintermärchen‹ nennen. Es kommen auch Kinder darin vor.

PENELOPE

Oh Mutter, Mutter, ich möchte es unbedingt sehen.

SHAKESPEARE

Wenn eure Frau Mutter einverstanden ist, erlaube ich mir, euch für die Premiere zwei Karten in der Loge zu reservieren. *(Blickt auf Vernon.)* Oder wünschen Mylady drei Karten? *(Vernon antwortet nicht.)*

PENELOPE

Bitte, liebe Mutter, bitte sagt ja.

SHAKESPEARE

Ich könnte Mylady die Karten auch zustellen lassen. Wie ist bitte die Adresse?

PENELOPE

(Anstelle ihrer Mutter.) Southampton House, Bloomsbury.

VERNON

(Unruhig und ungeduldig.) Wir werden euch Bescheid geben lassen, Master Shakespeare. Doch nun entschuldigt, *(macht Anstalten zu gehen.)*, wir haben noch eine Verabredung. Komm, Penelope. *(Zieht sie fort. Im Weggehen.)* Habt Dank, Master Shakespeare, habt Dank für alles.

PENELOPE

(Während sie von ihrer Mutter mit fortgezogen wird.) Master Shakespeare, Vater sagt, dass ihr früher, als er noch Junggeselle war, öfter mit euren Schauspielern in Titchfield Abbey zu Gast wart. *(Inständig bittend.)* Könntet ihr uns dort nicht wieder besuchen? Ich würde so gerne in unserem Festsaal ›Romeo und Julia‹ sehen. *(Shakespeare hängt an Penelopes Lippen. Vernons Miene verdüstert sich. Penelope blickt noch immer freundlich zurück und winkt.)* Auf Wiedersehen, Master Shakespeare, Auf Wiedersehen! Ich kann es schon gar nicht mehr aushalten.

VERNON

(Verstimmt, ungehalten und streng.) Penelope, du bist eine junge Dame aus der obersten Gesellschaftsschicht. Das scheint du wohl vergessen zu haben. So benimmt man sich nicht Fremden gegenüber auf der Straße.

PENELOPE

(Ärgerlich.) Ihr seid ungerecht, Mutter. Ich verdanke Master Shakespeare schließlich mein Leben. *(Vernon zuckt zusammen.)* Und ihr habt euch nicht einmal richtig bei ihm bedankt. Ich meine aufrichtig bedankt, Mutter, aufrichtig und von Herzen. Und so benimmt man sich auch nicht.

Dreiunddreißigstes Bild

(Mutter und Tochter steigen in die Kutsche. Im Hintergrund die Kirche St. Olave's. Die Kutsche, in der beide nun hoheitsvoll Platz genommen haben, zieht an Shakespeare vorüber, der melancholisch wirkt. Im Vorbeifahren dreht Penelope unmerklich den Kopf und lächelt ihn an.)

XXXIV

Im Blackfriars Theatre in London – Spätsommer 1609

(Der Graf von Southampton sitzt mit Lady Penelope in einer Loge. Shakespeare beobachtet sie von einem Guckloch hinter der Bühne. Gespielt wird eine Szene aus dem ›Wintermärchen‹. König Leontes von Böhmen glaubt, seine schwangere Frau, Königin Hermione, habe ihn mit seinem besten Freund, König Polyxenes von Sizilien, betrogen. Mißtrauisch beäugt er seinen kleinen Sohn Mamillius.)

LEONTES

›Mamillius,
Bist du mein Junge?

MAMILLIUS

Ja, Vater.

LEONTES

…

Wie, deine Nase schmutzig? – Sie sagen, dass sie meiner gleicht. … Komm Junge, sieh mich an. – Kann deine Mutter? – kann sie? … Oh meine Stirn verhärtet und mein Hirn vergiftet.

POLYXENES

Was ist dem König?

HERMIONE

Es scheint, als quält ihn was.

LEONTES

…

(Beiseite.) Wie oft verrät Natur die eigne Torheit …. *(Laut.)* … des Knaben Antlitz betrachtend, war es mir, als ging ich rückwärts um dreiundzwanzig Jahre …. Wie ähnlich, dünkt mir, war ich damals dieser Frucht.‹

(Während dieser Szene schaut Southampton Penelope immer wieder unbemerkt von der Seite an. Das Kind aber verfolgt das Geschehen auf der Bühne mit größter Faszination. – Nach der Vorstellung begeben sich beide zu ihrer Kutsche.)

PENELOPE

Ich war so glücklich über den Ausgang des Stückes. Es muss schrecklich sein, von dem liebsten Menschen, den man hat, betrogen zu werden. *(Southampton murmelt etwas Unverständliches.)* Man verliert dann den Boden unter den Füßen.

SOUTHAMPTON

Du bis ein kluges Kind, kleine Penelope.

PENELOPE

Ich bin nicht mehr klein, Vater. Im November werde ich schon elf.

SOUTHAMPTON

(Steigt mit Penolope in die Kutsche.) Du hast – wie immer – Recht, Penelope. Du bist ja fast schon erwachsen. Wir müssen dir bald einen geeigneten Ehemann suchen.

XXXV

Southampton House in Bloomsbury, London – Herbst 1609

(Der Graf und die Gräfin von Southampton beim Frühstück. Es herrscht eine betretene Stimmung. Auf dem Tisch liegt ein Exemplar der gerade erschienenen Shakespeareschen Sonette.)

VERNON

(Nimmt das Buch in die Hand und schlägt die Seite mit der gedruckten Widmung auf. Sie ist erregt und kann daher die Worte kaum entziffern.) ›TO. THE. – – – ONLIE. BEGETTER. – – – OF. THESE. – – – INSUING. SONNETS. – – – MR. W. H.‹ *(Heftig.)* Das ist eine Provokation – und ein Skandal zugleich.

SOUTHAMPTON

(Besänftigend.) Die Initialen treffen auf viele zu. Zudem lautet die Anrede Mr. Niemand wird auf die Idee kommen, dass ich gemeint sein könnte.

VERNON

Da wäre ich nicht so sicher. Es gibt Viele, die sich an die Widmungen von damals erinnern. Ihr wart sein Patron und alle wussten es. *(Liest weiter.)* ›ALL. HAPPINESSE. – – AND. – – THAT. ETERNITIE. – – PROMISED. – – BY. OUR. EVER-LIVING. POET. …‹ Unterzeichnet mit ›T. T.‹. Ihr müsst weitere Auflagen unterbinden.

SOUTHAMPTON

Meint ihr? Vielleicht habt ihr Recht.

VERNON

Er will es uns zeigen. Er möchte uns verletzen.

SOUTHAMPTON

Er wurde verletzt, Elizabeth. Habt ihr das vergessen? *(Vernon ist betroffen.)* Was hattet ihr denn erwartet, meine Liebe, nach *dem*

Schlussstrich? *(Nach einer Weile.)* Aber wollen wir das wirklich alles wieder hervorholen?

VERNON

(Seine Hand ergreifend.) Verzeiht mir, Henry.

SOUTHAMPTON

(Mit gesenktem Blick.) Ich habe euch längst verziehen. Ihr seid mir eine gute Frau gewesen, Elizabeth. Die Vergangenheit liegt weit hinter uns. Niemand wird euer Geheimnis jemals erfahren.

(Im Garten von Southampton House spielen die Kinder. Man hört ihre Stimmen und sieht sie aus einiger Entfernung. Penelopes Stimme ist deutlich herauszuhören. Man sieht, wie sie sich in hohen Blumenstauden versteckt, dort eine Zeitlang in geduckter Haltung verbringt und schließlich mit großem Hurra entdeckt wird. Die Kinder holen sie aus ihrem Versteck heraus, bilden einen Kreis um sie und beginnen zu tanzen.)

~

NACHWORT

ELIZABETH VERNON (1572/73-1655) war die Tochter eines Landedelmanns und die Nichte des elisabethanischen Staatsmanns, Höflings und Heerführers Robert Devereux, Graf von Essex, der in den 1590er Jahren als Günstling Elisabeths I. einen kometenhaften Aufstieg erlebte. Essex' erbitterter Gegner war Robert Cecil, der Sohn William Cecils, des Ersten Ministers und engsten Beraters der Königin, dem die Monarchin ebenfalls den raschen Aufstieg ermöglichte. Durch die Vermittlung von Essex wurde Vernon Hofdame der Königin. Sie wurde auch – wie die Verfasserin auf der Grundlage zeitgenössischer Text- und Bildzeugnisse und in Zusammenarbeit mit Experten aufzeigen konnte – die Geliebte William Shakespeares: die berühmte ›Dark Lady‹ seiner Sonette. Henry Wriothesley, der junge, gutaussehende Graf von Southampton, Shakespeares Patron und Freund, verliebte sich ebenfalls in Vernon, die seither zwischen zwei Männern stand. Im Jahre 1598 ehelichte die hoch schwangere Hofdame den Nebenbuhler des Dichters und wurde Gräfin von Southampton. Der Vater ihres Kindes aber war William Shakespeare. Vernon soll Southampton später – soweit bekannt – eine gute Ehefrau gewesen sein. Aus der Ehe gingen mindestens vier Kinder hervor. Vernons Schwiegermutter, die sich ursprünglich vehement gegen die Verbindung ihres Sohnes ausgesprochen hatte und erst von Essex zur Zustimmung überredet werden konnte, bedachte ihre Schwiegertochter am Ende großzügig und liebevoll in ihrem Testament. Auf einem authentischen, zeitgenössischen Porträt der Gräfin findet sich ein versteckter Bildhinweis auf ihre intime Beziehung zu Shakespeare. Für den Betrachter fast unmerklich fügte der Maler am rechten Ärmel der Gräfin Shakespeares Gesicht ein. Elizabeth Wriothesley, geb. Vernon, starb im hohen Alter von rund 82 Jahren. Sie überlebte Shakespeare um fast 40, Southampton um rund 30 Jahre.

HENRY WRIOTHESLEY (1573-1624), dritter Graf von Southampton, Shakespeares Patron, Freund und Rivale. Ende August 1598 heiratete er die Hofdame Elizabeth Vernon, seine und Shakespeares Geliebte, die damals zehn Wochen vor der Geburt ihres ersten Kindes stand. Als engster

Freund des Grafen von Essex und Mitanführer der Essex-Rebellion wurde Southampton im Februar 1601 – zum Tode verurteilt. Er verdankt sein Leben seiner Frau. Denn in ihrer Verzweiflung wandte sich die Gräfin von Southampton an den neuen engsten Berater der Königin, Robert Cecil, und flehte um Gnade für ihren Mann. Das Todesurteil wurde daraufhin in lebenslange Haft im Tower umgewandelt. An diese Haftstrafe erinnert das sogenannte Tower-Bildnis des Grafen. Als Jakob I. 1603 den Thron bestieg, kam Southampton frei. Er verkehrte fortan mit seiner Frau bei Hofe, war einflussreich und genoss großes Ansehen. Die Southamptons führten anscheinend eine glückliche Ehe. Die Paten ihrer Kinder – Anna (geb. 1604) und James (geb. 1607) – waren Königin Anna und Jakob I. Begleitet von seinem ältesten Sohn James übernahm Southampton in den Niederlanden ein militärisches Kommando zur Unterstützung des niederländischen Freiheitskampfes gegen Spanien. Beide, zuerst der Sohn, dann der Vater, erlagen 1624 einem epidemischen Fieber. Die Gräfin von Southampton ließ ihre Leichname am Fest der Unschuldigen Kinder (Weihnachten 1624) in St. Peter's Church in Titchfield beisetzen.

WILLIAM SHAKESPEARE (1564-1616). Bedeutendster Dramatiker der Weltliteratur. Er war, wie die Verfasserin auf der Basis neuen bzw. neu erschlossenen, zeitgenössischen Quellenmaterials nachweist, ein heimlicher Anhänger der alten Religion und ein Parteigänger des prokatholischen Grafen von Essex. Als solcher war er in die hoch dramatischen politischen Ereignisse unter Elisabeth I. und Jakob I. verwickelt. Rund die Hälfte seiner Stücke, die brisante zeitgeschichtliche und religionspolitische Probleme thematisieren bzw. auf sie anspielen, hielt Shakespeare wegen ihres explosiven Inhalts zurück. Sie wurden erst sieben Jahre nach seinem Tod gedruckt. In den 1590er Jahren hatte der damals neue Starautor und Publikumsmagnet des elisabethanischen Theaters – wie die Autorin in ihrem Buch *Das Geheimnis um Shakespeares ›Dark Lady‹* anhand neuer Text- und Bilddokumente demonstriert – eine lange und leidenschaftliche Liebesbeziehung zu der Hofdame Elizabeth Vernon, die in ein Dreiecksverhältnis einmündete, als der junge Graf von Southampton, sein (katholischer) Patron, Freund und Rivale, Vernon ebenfalls verfiel. Diese Dreierbeziehung wird in Shakespeares ›Dark Lady‹-Sonetten realistisch beschrieben. Der Dichter litt – wie medizinische Fachgutachten belegen – an einer auf seinen authentischen Bildnissen diagnostizierten, systemischen Erkrankung, die nach langem Verlauf zum Tode führt. Diese Krankheit dürfte für seinen vorzeitigen Rückzug von London nach Stratford verantwortlich gewesen sein und könnte auch sein frühes Ableben verursacht haben. Bei den veristischen, lebensgetreuen Wiedergaben Shakespeares handelt es sich um das Chandos-Porträt, das Flower-Porträt, die Davenant-Büste und die Darmstädter Shakespeare-Totenmaske. Mit seiner in Stratford lebenden Frau Anne hatte Shakespeare drei Kinder: Susanna (geb. 1583) und die Zwillinge Hamnet und Judith (geb. 1585). Mit dem Tod seines einzigen Enkelkindes, Lady Elizabeth Barnard, im Jahre 1670, dem einzigen Kind seiner ältesten Tochter, erlischt die Linie der legitimen Nachfahren des Dichters.

PENELOPE WRIOTHESLEY (1598-1667). Älteste Tochter von Elizabeth Wriothesley, geb. Vernon, Gräfin von Southampton. Sie sieht ihrem Vater, William Shakespeare, verblüffend ähnlich, wie sich bei Gesichtsvergleichen herausstellte, an denen der zuständige Sachverständige des Bundeskriminalamts beteiligt war. Von hochstehenden Zeitgenossen wissen wir, dass sich Penelope »durch äußere und innere Schönheit« und ihre »besondere Ausstrahlung« auszeichnete. Sie heiratete um 1616, dem Todesjahr Shakespeares, den jungen Baron William Spencer. Das Paar führte auf Althorp in Northamptonshire eine sehr glückliche Ehe, aus der viele Kinder hervorgingen, darunter der Sohn und Erbe: Lord Henry Spencer, der als sehr bibliophil galt. Diese Linie lässt sich bis in unsere Gegenwart verfolgen, so dass auch der gegenwärtige neunte Graf Spencer, seine Schwestern, darunter die 1997 tödlich verunglückte Prinzessin Diana, sowie die englischen Prinzen William und Harry Nachfahren William Shakespeares sind.

Nachwort

HINWEIS: Eine ausführliche Darstellung der wissenschaftlichen Ergebnisse der Autorin zur Entdeckung und Identifizierung der ›Dark Lady‹ erfolgt in ihrem Buch *Das Geheimnis um Shakespeares ›Dark Lady‹. Dokumentation einer Enthüllung* (Darmstadt: Wissenschaftliche Buchgesellschaft und Primus Verlag, 1999), eine Zusammenfassung findet sich in der deutschsprachigen Erstausgabe ihrer Shakespeare-Biographie: *William Shakespeare. Seine Zeit – Sein Leben – Sein Werk* (Mainz: Philipp von Zabern, 2003), mit rund 250, zumeist farbigen Abbildungen, S. 148 ff., sowie in der englischen Übersetzung: *The Life and Times of William Shakespeare 1564-1616*. Transl. from the German by Alan Bance (London: Chaucer Press, 2007), 195 illus., mostly in colour, pp. 168 ff.

Weitere Informationen unter: www.hammerschmidt-hummel.de

~

INHALT